EUROPA

Bibliografische Information der Deutschen Nationalbibliothek:
Die Deutsche Nationalbibliothek verzeichnet diese Publikation in der
Deutschen Nationalbibliografie; detaillierte bibliografische Daten
sind im Internet über http://dnb.d-nb.de abrufbar.



Umwelthinweis:
Dieses Buch wurde auf chlorfrei gebleichtem Papier gedruckt.
Um Rohstoffe zu sparen, haben wir auf die Einschweißfolie verzichtet.



10 9 8 7 6 5 4 3 2 1

10 09 08

ISBN 978-3-8273-2705-5


Grafik, Fotos und Text: Almut Adler (kurse@fototrulla.de) (www.fototrulla.de)
Weitere Fotos: Maria Bauer, Gabi Frost, Sandra Fuß, Hajo, Katharina Hundt, Sepp Kugelmann, Jan Röpenack, Patricia Rommel, Alexandra Schlump, Mauritius Images
Bereitstellung von Materialfotos: Isarfoto Bothe in Icking, Jan Röpenack, Novoflex, Canon, Nikon, Crumpler, Tamrak und Manfrotto.
Lektorat: Birgit Ellissen, bellissen@pearson.de
Fachlektorat: Eva Ruhland
Korrektorat: Marita Böhm
Herstellung: Claudia Bäurle, cbaeurle@pearson.de, Philipp Burkart, pburkart@pearson.de
Satz: Ulrich Borstelmann, Dortmund (www.borstelmann.de)
Einbandgestaltung: Marco Lindenbeck, webwo GmbH, mlindenbeck@webwo.de
Coverbild: Mauritius Images
Druck und Verarbeitung: Bosch Druck, Ergolding
Printed in Germany

# Natur sehen

## Ein Landschafts-Fotokurs

**Almut Adler**

Mein herzlichstes Dankeschön
an Jan Röpenack, der mir mit seinem Panorama-Know-How den Horizont erweiterte,
an meinen Jakobs-Weggefährten Sepp Kugelmann, der mir den „Camino“ visualisierte,
an meine Kurs- und Workshopteilnehmerinnen Alexandra, Andrea, Katharina, Maria, Sandra,
an meine Freunde Beate, Gabi F., Gabriela und Patricia
und danke wunderschöne Natur

# Die Autorin

Almut Adler wurde 1951 in Oldenburg geboren und schloss 1971 in Bremen ihre Fotografenausbildung ab.

Über Heidelberg und Esslingen kam sie 1972 nach München und studierte Grafikdesign. 1975 bereiste sie im VW-Bus sechs Monate Indien und Ladakh. Nach einigen Arbeitsjahren als Grafikerin absolvierte sie eine Zusatzausbildung als Colorretuscheurin und erlernte die Kunst, mit der Spritzpistole (Airbrushing) zu arbeiten.

In San Francisco startete sie 1979 ihre Soloweltreise, kaufte sich dort ein Auto und durchquerte auf der Panamericana Mittelamerika. Nach 17 000 Fahrkilometern in Panama gelandet, verkaufte sie ihr Auto und heuerte auf einer Motoryacht an. Über Umwege kam sie nach Asien. Von Bali segelte sie nach Singapur, per Bus und Bahn bereiste sie Malaysia und Thailand. Nach zehn Monaten Weltenbummeln hatte sie den Globus einmal umrundet.

Von 1982 bis 1985 lebte sie in Ostafrika und war in Somalias Hauptstadt Mogadischu u. a. für die UNESCO tätig. Bis 2001 arbeitete sie als Grafikerin in Agenturen und Verlagen. Heute leitet Almut Adler Fotokurse, organisiert Fotoworkshops in Spanien und lebt als freie Fotografin und Autorin in München.

Weitere Infos unter `www.fototrulla.de`.

# Inhaltsverzeichnis

Canon

# Einleitung

## Visuell „lesen“

Das kreative Auge „liest“ bevorzugt Bilder. Um das visuelle Lesen in den Vordergrund zu stellen, möchte ich auf überflüssige Worte verzichten. Was müssen wir täglich nicht alles lesen, nur um etwas in Gebrauch zu nehmen. Das meiste davon ist reiner Textmüll. Ganze Handbücher gilt es zu studieren, für Fernseher, Bügeleisen und Mixer – Gebrauchsanweisungen, die am Ende sowieso nicht zu gebrauchen sind. Nicht zuletzt deshalb kommen Postkarten nie aus der Mode – es ist visuelles Lesen!

Wir müssen uns durch seitenlange Verträge quälen und Rechtsbelehrungen im Internet checken. Wir müssen uns etwas anlesen und durchlesen, möchten es aber am liebsten überlesen, denn es macht uns noch lange nicht belesen. Wir werden heute einfach „zugetextet“. Das Einzige, was wir mit Schrecken bewusst lesen, ist die Uhrzeit, die mit dieser unliebsamen Sache vorangeschritten ist.

Mit nichtssagenden Worthülsen werde ich Ihnen nicht die Zeit stehlen, aber um einige Erklärungen komme ich nicht ganz herum. Mein Hauptanliegen an diesem Buch ist, dass Sie Ihre visuelle Lesefreude haben, Ihre Kreativität freigesetzt wird und es mir gelingt, Ihre Experimentierlust anzuregen.

Foto: Almut Adler; Ort: Provence/Frankreich, Brennweite: 155 mm, Belichtung: 1/2500 Sek., Blende: 7,1, ISO: 400

## Das natürliche Genre

Als Fotograf/in im Genre Landschafts- und Naturfotografie arbeiten Sie im übertragenen Sinn wie der Bauer hinter seinem Pflug. Sie müssen sich die Landschaft erarbeiten – sich Land schaffen. Wie einen Landwirt treibt es Sie bei jedem Wetter hinaus, wenn Sie eine gute "Ernte" einfahren möchten. Jedes gelungene Foto ist dann wie ein neuer Trieb, ist wie die Saat, die endlich aufgeht – und im besten Fall kann Sie das, was Sie ernten, auch ernähren.

## Ein weites Feld

Der amerikanische Schwarzweißbild-Pionier Ansel Adams suchte als Fotograf in erster Linie die heile, unbeeinträchtigte Natur. Aber auch Unwetter, verwüstete Landschaften und wechselnde Jahreszeiten bieten ein weites Feld für fotografische Arbeiten.

Machen Sie doch einmal folgendes Experiment: Schließen Sie Ihre Augen und stellen Sie sich z. B. dieses imaginäre Bild einer Landschaft vor. Ein mächtiger Baum steht vor einem urigen Bauernhaus, dahinter liegt ein dunkler See. In der Ferne erhebt sich ein schroffes Bergmassiv, das glutrot die letzte Abendsonne reflektiert. Je fantasievoller Sie Ihre Vorstellungen vorantreiben, desto mehr Szenen fallen Ihnen dazu ein. Versetzen Sie Ihre Szene mal nach Europa und mal in die USA, nach China oder Südafrika – dieser Ort könnte überall existieren. Als Fotograf/in können Sie wie in Ihrer Fantasie, aus der Natur tausende von Motiven schöpfen – und wer kann sich schon selbst als Schöpfer/in bezeichnen?

Die  ganze Objektivpalette können Sie nutzen, so wie ein Maler Pinsel und Farben nutzt. Ihre Kamera ist der Pinsel, die Objektive sind Ihre unterschiedlichen Pinselarten und die Natur ist Ihre Leinwand mit flexiblen Hintergründen. In dieser Hinsicht sind Sie dem Maler als Lichtzeichner weitaus überlegen.

## Licht ohne Steckdose

Das Faszinierende an der Natur ist ihre atemberaubende Eigenkreativität. Sie als Fotograf/in sollten sich bei diesem Gesamtkunstwerk nur auf das Wesentliche beschränken und sich auf Ihr eigentliches Motiv konzentrieren. Nutzen Sie die Eigenwilligkeiten eines Wettergottes; fotografieren Sie nicht nur bei Sonnenschein, sondern auch bei Wind und Wolken, bei Schnee und Regen. Die Lichtspenderin Sonne liefert uns die besten Aufnahmebedingungen. Kein noch so gutes Kunstlicht erreicht ihre Natürlichkeit. Ein erhellender Gedanke, diese Lichtquelle in ihrer Vielfalt jederzeit „anzapfen" und nutzen zu können.

Aber auch das sogenannte schlechte Wetter sollte Ihnen als Fotograf/in nicht aufs Gemüt schlagen – im Gegenteil, nutzen Sie diese düsteren Stimmungen für eindrucksvolle Bilder.

Hundebesitzer sagen: „Es gibt kein schlechtes Wetter, es gibt nur schlechte Kleidung." Fotografen sagen: „Es gibt kein unpassendes Wetter, es gibt nur eine unpassende Ausrüstung!"

## Eigenes Beuteschema

Die Ausrüstung ist ein wesentlicher Punkt im Genre Naturfotografie – denn dafür müssen Sie sich „rüsten". Werden Sie der Natur so natürlich wie möglich gerecht. Je nachdem, wie ernst Sie die Naturfotografie betreiben, desto umfangreicher kann Ihre Ausrüstung ausfallen.

Nicht jeder Fotograf nähert sich dem Mount Everest mit einem kiloschweren 800-mm-Fernobjektiv, und nicht jeder Fotograf ist gar so leidenschaftlich, um mit einer kombinierten Foto-Bergsteigerausrüstung den höchsten aller Gipfel zu erreichen.

Nur wenige Fotografen liegen stundenlang auf der Lauer und warten auf die Gunst der Sekunde, und nur ambitionierte Fotografen lassen sich mit dem Helikopter in der Wildnis Alaskas aussetzen, um Naturfotos zu schießen. Ob die Bildqualität dieser fotografischen Ausbeute nun besser ist, mag dahingestellt sein – spektakulärer sind die Fotos solcher Einsätze allemal. So entwickelt jeder Fotograf eben sein eigenes „Beuteschema".

Nicht nur Abenteuer und Pioniergeist zeichnen gute Fotografen aus – sie sollten auch eine gewisse Bedachtsamkeit mitbringen, um sich und die Tiere in der Wildnis nicht zu gefährden. Gute Naturaufnahmen im „Kasten" zu haben bedeutet auch, etwas „auf dem Kasten" zu haben.

## Zeitreise durchs Archiv

Beim Schreiben dieses Buches durchforstete ich mein Dia-Archiv nach geeigneten Naturaufnahmen. Beim Anblick der Bilder auf dem Leuchtkasten kamen Erinnerungen hoch und nahmen mich noch einmal auf eine Zeitreise durch die Kontinente und die Geschichte der analogen Fotografie mit. Dabei fiel mir auf, wie sparsam ich damals fotografiert, ja geradezu mit meinen Aufnahmen gegeizt habe. Viele Filme hätten mein Reisegepäck belastet, und so habe ich mir sehr gut überlegt, welches Motiv es wert ist, fotografiert zu werden. Vor 30 Jahren war es ein unkalkulierbares Risiko, seine Filme mit der Post nach Hause zu schicken, um sie nicht weiter mit sich herumschleppen zu müssen. Auf diese Weise gingen während meiner zehnmonatigen Indienreise sämtliche Diafilme verloren! Wenigstens hatte ich meine Schwarzweiß- und Farbfilme nicht aus der Hand gegeben (siehe Kapitel 1 „2700 km Heiligkeit"). Ein ähnliches Drama kann sich heute ereignen, wenn nach einer Afrikasafari der volle 4-GByte-Chip Ihrer Digitalkamera den Geist aufgibt.

**Am frühen Morgen**
In den Morgenstunden sollten Sie das pastellfarbene Licht einer nebeligen Landschaft, eines erwachenden Dorfes, wie hier im Bild, nutzen, mittags die harten Schlagschatten der hoch stehenden Sonne, um etwa eine Felswand bedrohlicher wirken zu lassen, oder die tief stehende Abendsonne, die Ihre Umgebung in ein warmes Licht taucht. Die Sonne können Sie zu jeder Zeit ausnutzen – wo immer es geht! Ort: Lanzarote, Belichtungswerte nicht aufgezeichnet (analog)

## „Warum in die Ferne schweifen …

… denn das Gute liegt so nah.“ Schon Goethe wusste, dass Sie nicht in ferne Länder reisen müssen, um das besondere Stück Natur zu finden. Sie können direkt vor Ihrer Haustür starten und feststellen, welche Schönheiten sich in Ihrem Umfeld präsentieren. Lassen Sie Ihren Blick in die Ferne schweifen, schauen Sie genau hin und nähern Sie sich dann Ihrem Motiv – Sie werden sehen, wie sich Ihre Wahrnehmung verändert, wie Sie sich selbst verändern. Das ist der erste Schritt in die Kreativität!

## Inszenierte Bilder

Besonderen Wert lege ich auf „ehrliche“ Fotografie. Mit anderen Worten, das Kapitel Bildbearbeitung kommt in diesem Buch sehr kurz. Zum einen, weil es über die Bildbearbeitung genügend spezielle Fachbücher gibt, zum anderen, weil mein Hauptinteresse dem Fotografieren gilt. Dennoch gehört die Bildbearbeitung zur Digitalfotografie wie der Spaten zum Gärtner. Wie in allen Bereichen des Lebens sind die Menschen verschieden – die einen verbringen lieber mehr Zeit mit dem Fotografieren und die anderen sind fasziniert von den unendlichen Möglichkeiten der Bildbearbeitung. Diese sollen ihren Hang zur „Landschaftsgärtnerei“ unbedingt weiterpflegen, denn durch trickreiche Verwandlungen einer Naturaufnahme können sie sogar in der Lage sein, Naturschauspiele zu inszenieren.

Foto: Almut Adler, Ort: Krabi/Thailand, Brennweite: 200 mm, Belichtungswerte nicht aufgezeichnet (analog)

Kapitel 1

# Landschaften sehen lernen

## Ein Bilderparadies

Ein altes Maja-Sprichwort besagt, dass die Welt in sieben Tagen erschaffen wurde und der Schöpfer sich allein für Mexiko sechs Tage Zeit nahm. Gott sei Dank hatte sich der „Mexiko-Designer“ in sechs Tagen genügend Praxis angeeignet, um den Rest der Welt ebenso abwechslungsreich zu gestalten. Das Paradies eines Landschaftsfotografen befindet sich sowieso überall.

## Kreativbeitrag der Natur

Wie abwechslungsreich sich die Natur präsentieren kann, wissen Sie aus eigener Erfahrung. Jahreszeiten und Wetterbedingungen können Sie fotografisch als Bildkomponenten nutzen, um Landschaften immer wieder ein anderes „Gesicht“ zu geben. Denken Sie nur an den Blick aus Ihrem Fenster. Je nach Jahreszeit, Wetter oder Stunde bietet sich ein verändertes Bild, eine andere Stimmung. Das ist der Kreativbeitrag der Natur. Ihre eigenen Gestaltungsmöglichkeiten als Fotograf/in gehen jedoch darüber hinaus, wenn Sie zusätzlich mit Perspektive, Licht und Tiefenschärfe an Ihrer Bildgestaltung arbeiten.

Ort: Florida/USA, Belichtungswerte nicht aufgezeichnet (analog)

## Grün auf Türkisblau

Das Meer zeigt glasklar seine sonnige Seite und die Pinien symbolisieren mediterranes Urlaubsgefühl, ein mallorquinischer Traum.

Ort: Mallorca/Spanien, Brennweite: 85 mm, Belichtungszeit: 1/500 Sek., Blende: 13, ISO: 200

## Meer ist mehr

Ob Atlantik, Nordsee, Pazifik oder Indischer Ozean – das Meer übt seit jeher eine Faszination auf den Menschen aus, denn seine Weite symbolisiert in der Bildsprache Unendlichkeit. Das Meer ist mehr als eine Ansammlung riesiger Wassermassen. Es bietet eine Unterwasserwelt, die den Menschen ernährt, wir können auf dem Meer reisen und Sport treiben oder uns darin ins Vergnügen stürzen. Und das Meer ist noch mehr: Es ist die größte Fläche der Erde, die der Mensch am wenigsten kennt.

## Fließende Wasser

Denken Sie an Flüsse wie den Rhein, die Elbe oder die Isar, dann sind diese breit und wasserreich, ruhig dahinfließend oder wild ausufernd. Der Nil, Ganges oder Mississippi sind Flüsse, die Fernweh verursachen, Geschichten schrieben und dem Fotografen reizvoller erscheinen mögen als die heimatlichen Gewässer. Aus fotografischer Sicht ist es jedoch völlig egal, an welchen Ufern Sie Ihre Objektive einsetzen, um das Spiel von Wasser, Licht und Jahreszeit einzufangen.

Nicht jeder Fluss ist ein ewiger Fluss. Das nahezu ausgetrocknete Flussbett in der spanischen Sierra Morena präsentiert sich pflanzenreich und steinig. Belichtungswerte nicht aufgezeichnet (analog).

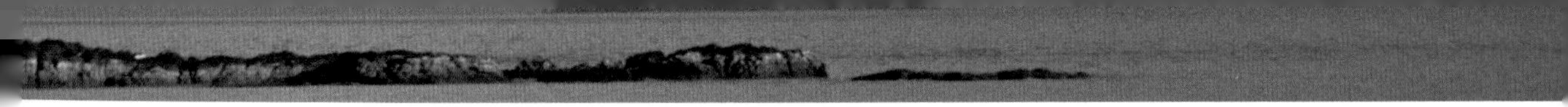



Versuchen Sie Naturaufnahmen auch einmal als Schwarzweiß-Fotostrecke ins Bild zu rücken. Das frühe, dunstige Morgenlicht am Ganges verleiht diesen Bildern durch seine Farblosigkeit eine beruhigende und nostalgische Atmosphäre aus längst vergangener Zeit.

Die Aufnahmen entstanden 1975 während meiner 6-monatigen Indienreise und sind einige meiner wenigen Fotos, die mir von dieser Reise nicht verloren gingen.

## Seen sehen

Glitzernde Seen in der Abendsonne, spiegelnde Wasserflächen, Wellen mit Schaumkronen, gekräuseltes oder windgepeitschtes Wasser – das Gesicht eines Sees ändert sich so häufig wie das Wetter.

Die friedliche und beruhigende Wirkung eines tiefgrünen Gebirgssees ist eine andere als die eines mit Schilf bewachsenen Moorsees oder eines melancholisch anmutenden Waldsees. Seine Ufer können von Felsen umrahmt, von sattgrünen Wiesen umgeben, von Promenaden asphaltiert oder von Badegästen gesäumt sein. Jede Bildwirkung ist unterschiedlich und Seen sehen überdies zu jeder Jahreszeit anders aus.

Ort: Starnberger See, Brennweite: 75 mm, Belichtungszeit: 1/800 Sek., Blende: 14, ISO: 200

Bayrische Schiffahrt

## Dürre Schönheit

Dornenbewachsene Steppen und karge Landschaften haben durchaus ihren visuellen Reiz. Ob windgewellte Sandformationen, sanfte Hügel oder das wechselnde Farbenspiel einer Steppe im Tagesablauf – das Wenige ist oftmals mehr. Unser Grün verwöhntes Auge muss sich umorientieren: Je sparsamer die Natur mit sich umgeht, desto mehr werden Sie in ihr entdecken.

Die karge Steinwüste beherrscht das Bild. Fast werden die Palmen zwischen dem Felsgestein übersehen, als scheinen sie mit ihrer Umgebung eins werden zu wollen.

Brennweite: 28 mm, Blende: 13, Belichtungszeit: 1/500 Sek., ISO: 200

Ort: Somalia, Belichtungswerte unbekannt (analog)

Ort: Guazamara/Spanien, Brennweite: 24 mm, Blende: 11, Belichtungszeit: 1/640 Sek., ISO: 200

Brennweite: 75 mm, Blende: 11, Belichtungszeit: 1/500 Sek., ISO: 200

## Erhebendes

Berge sind mehr als eine topografische Erhebung. Berge sind steil, schroff, bewaldet oder mit ewigem Schnee bedeckt. Berge verleiten den Menschen zum Wandern, Klettern, Mountainbiken oder Paragliding. Die UNO erklärte 2002 sogar zum Jahr der Berge, und ein altes Sprichwort besagt, dass Glaube Berge versetzen kann. Berge, so vermutet man, sind der Sitz der Götter, und wenn man es sprichwörtlich ableitet, dann wird der Berg nicht zum Fotografen kommen, sondern der Fotograf zum Berg.

Ort: Zillertal, Brennweite: 44 mm, Belichtungszeit: 1/80 Sek., Blende: 8, ISO: 100

Ort: Los Lobos, Brennweite: 150 mm, Belichtungszeit: 1/640 Sek., Blende: 2,8, ISO: 400

## Stammhalter

Bäume stehen symbolisch für das Leben. Bäume sind die Lunge der Erde. Bäume liefern uns Holz oder Kork, spenden uns Schatten und geben uns zu essen. Abgestorbene Bäume assoziieren Vergänglichkeit. Trauerweiden stehen für Trauer, weil sie traurig die Äste hängen lassen. Doch Bäume sind auch Treffpunkt der Liebenden, Ratsuchenden und Träumer. Jeder Baum drückt Persönlichkeit aus und verströmt positive Energie. Und ein Einbaum trägt uns auf dem Wasser. Zur Geburt des ersten Kindes wird nach alter Sitte ein Baum gepflanzt. Ein gefällter Baum ist zwar ein gefälliger Baum, aber er macht uns meist traurig – bis auf den Weihnachtsbaum und den Maibaum.

Obwohl kaum Farbenspiel das Bild beherrscht, vermittelt das Minimalistische dennoch etwas Farbenfrohes. Der Baum wird zu einer Figur, die beim Anblick des Meeres zu tanzen scheint. Ort: Mallorca/Spanien, Brennweite: 63 mm, Belichtungszeit: 1/320 Sek., Blende: 11, ISO: 200

Brennweite: 100 mm, Blende: 14, Belichtungszeit: 1/200 Sek., ISO: 400

Belichtungswerte unbekannt (analog)

Der abgestorbene und in Wasser gestürzte Baum wird dem Meer übergeben und assoziiert die Vergänglichkeit des Lebens

Brennweite: 70 mm, Belichtungszeit: 1/500 Sek., Blende: 11. ISO: 200

Brennweite: 24 mm, Belichtungszeit: 1/100 Sek., Blende: 22, ISO: 200

## Landbevölkerung

Landschaftsfotos mit Personen bekommen einen anderen Bezug. Sie lenken das Auge von der Natur ab, die ihre Aufmerksamkeit mit dem Menschen zu teilen hat. Bei solchen Landschaftsaufnahmen müssen die Personen sekundär auftreten, nur am Rande erscheinen und „Beiwerk“ bleiben. Treten Personen in den Vordergrund, wird der eigentliche Charakter einer Landschaftsaufnahme abgeschwächt oder gar zunichtegemacht. Im Genre People-Fotografie ist es natürlich genau anders herum – die Landschaft sollte in den Hintergrund treten.

In diesem Bild ergänzen sich die zwei Frauen auf der Asphaltstraße ausgewogen mit der dahinter liegenden Landschaft, ohne dass ein Genre in den Vordergrund tritt.

Brennweite: 105 mm, Blende: 13, Belichtungszeit: 1/1000 Sek., ISO: 40

## Statistenrollen

Versuchen Sie, Personen nur als Staffage in Ihre Bildkomposition einzubauen. Geben Sie ihnen einen beiläufigen Bezug zur Landschaft/Natur, dann können Sie Bildaussage und Charakter Ihrer Naturaufnahme womöglich noch steigern.

Obwohl der Fokus hier eindeutig auf die Person im Vordergrund gerichtet wurde, lenkt uns der Blick auf die Meeresbucht, und das Hauptinteresse gilt dem kleinen Fischerboot.

Ort: Korsika, Brennweite: 22 mm, Blende: 9, Belichtungszeit: 1/250 Sek., ISO: 200

Der ratlose Fahrradfahrer zieht die Aufmerksamkeit schon eher auf sich, als dass der Blick in die Natur geht. Das Gesamtbild wird nun nicht mehr als reine Landschaftsaufnahme betrachtet, sondern der Mensch steht hier im Vordergrund

Ort: Goa/Indien, Belichtungswerte unbekannt (analog)

## Stadtlandschaften

Suchen Sie in einer Stadt nicht nur das Schöne, sondern spüren Sie die Eigenarten einer Metropole auf. Je gegensätzlicher Sie eine Stadt erfassen, desto stimmiger wird ihr Gesamtbild. Finden Sie für Ihre Stadt ein Thema, fotografieren Sie bekannte Bauwerke, Straßen und Plätze. Oder nehmen Sie die Besonderheit einer Stadt ins Visier – Fachwerkhäuser, Biergärten, Hausboote oder Oldtimer.

Denke ich an Kuba, dann denke ich an Oldtimer.

Diese Stadtansichten sind in Bezug auf das Genre Natur grenzwertig, denn man könnte sie auch zur Architekturfotografie zählen. Aber zu einer Stadtlandschaft gehören eben Gebäude. So wie Bäume oder Berge zu einer Naturlandschaft gehören.

Ort: Hamburg, Brennweite: 200 mm, Belichtungszeit: 1/320 Sek., Blende: 6,3: ISO: 200

### Eine Sache der Betrachtung

Der Hafen des Küstenstädtchens Garrucha in der spanischen Provinz Almeria zeigte sich erst bei näherer Betrachtung von seiner farbenfrohen Seite. Dieser Ansicht ging ich als Fotografin sofort ins Netz. Sicher fragen Sie sich, was Detailaufnahmen in einem Buch über Landschaftsfotografie zu suchen haben. Lassen Sie es mich so erklären: Eine Aufnahme vom Hafen wäre eine Landschaftsaufnahme. Nun zoomen Sie die „Hafen-Landschaft" so nah heran, dass nur noch Details zu sehen sind. Also gehören diese Landschaftsausschnitte für mich ebenso zur Landschaftsfotografie hinzu – alles ist eine Sache der Betrachtung.

## Nicht nur ein Weg

Den 800 Kilometer langen Jakobsweg durch Spanien lief ich ohne Kamera. Deshalb danke ich meinem Weggefährten Sepp Kugelmann, dass er mir diese Aufnahmen zur Verfügung stellte. Seine Bilder vom „Camino" haben meiner Pilgerreise nun ein Gesicht gegeben. Bilder, die spürbar machen, dass diese Strecke mehr ist als nur ein Weg. „Dieser Weg wird kein leichter sein, dieser Weg wird steinig und schwer ...", bemerkte auch Xavier Naidoo.

Palmen, die wie Silhouetten in den bewölkten Regenhimmel ragen, kommen im Gegenlicht beinahe bedrohlich zur Geltung. Ort: Garrucha/ Spanien, Brennweite: 200 mm, Belichtungszeit: 1/500 Sek., Blende: 11, ISO: 800.

## Regen

Regentage sind keine Fototage – von wegen! Wunderschön können sich Regentropfen auf Pflanzen präsentieren. Städtebilder lassen sich besonders reizvoll im Regen oder danach fotografieren. Denken Sie nur an fotogene Spiegelungen auf nassen Straßen oder in Pfützen. Und wenn Sie Glück haben, dann wird Ihnen vor dem Gewitter noch ein herrlicher Regenbogen präsentiert. Wie harmonisch kann eine Landschaft im warmen Licht der Abendsonne leuchten, und wie kalt und unheimlich kann sie dagegen wirken, wenn schwarze Regenwolken im Anzug sind.

Brennweite: 105 mm, Belichtungszeit: 1/90 Sek., Blende: 8, ISO: 200

Brennweite: 100 mm Macro, Belichtungszeit: 1/320 Sek., Blende: 2,8, ISO: 200

ASTVR PLAZA
CERVECERIA ASADOR

## Wolkenbilder

Wolken können die Wirkung eines Fotos erheblich beeinflussen. Auch wir orientieren uns am Himmel mit dem Blick in die Wolken. Ist er grau und verhangen, ist unsere Stimmung betrübt. Das Stahlblau eines Sonnenhimmels lässt uns selbst erstrahlen, und weiße Schäfchenwolken erheitern das Gemüt. Ein Traumstrand mit dunklen Gewitterwolken wirkt bei Weitem nicht so einladend wie ein blauer Himmel mit Sonnenschein. Langweilig präsentiert sich die Natur jedenfalls nie.

### Wegbegleiter

Die langen Sandstrände der französischen Atlantikküste laden zu ausgedehnten Spaziergängen ein. Aufgetürmte Wolkengebilde zeigen sich hier als dekorative Wegbegleiter.

## Wetterlaunig

Auch das sogenannte schlechte Wetter hat seine guten Seiten, so sollten Sie es auch sehen. Die Natur lebt von der Verwandlung – nutzen Sie diese Schlechtwetterperioden für abwechslungsreiche und ausdrucksvolle Bilder.

Brennweite: 17 mm, Belichtungszeit: 1/300 Sek., Blende: 4, ISO: 100

# Die Jahreszeiten

## Mystik und Melancholie

Jahreszeiten sind für Fotografen eine ebenso willkommene Abwechslung wie das Wetter. Sie bieten uns die nötige Kreativität, um neue Stimmungen einzufangen. Nehmen Sie zum Beispiel Venedig – im Sommer kann die Stadt das mediterrane Lebensgefühl in Ihnen wecken, im Herbst können tief ziehende Nebel Sie jedoch in eine melancholische Stimmung versetzen. Versuchen Sie, die Charakteristik einer Jahreszeit möglichst spürbar abzulichten, holen Sie das Besondere, das Typische einer Jahreszeit in Ihren Sucher.

Der frühe Morgennebel verleiht der andalusischen Landschaft mit ihren steil aufragenden Agavenstämmen eine mystische Atmosphäre.
Ort: Grima/Spanien, Brennweite: 70 mm, Belichtungszeit: 1/400 Sek., Blende: 8, ISO: 400.

## Frühlingsgefühle

Erwacht die Natur zu neuem Leben, dann gehen Sie hinaus und halten den Zauber einer erwachenden Landschaft fotografisch fest. Nehmen Sie die Farben durch Ihr Objektiv auf, wie den Atem aus der Luft.

Die frühe Morgensonne der nordspanischen Provinz Katalonien bringt das frische Laub der Pappeln zu einem zartgrünen Leuchten.
Brennweite: 100 mm, Belichtungszeit: 1/200 Sek., Blende: 14, ISO: 400

## Sommerzeit

Die kräftige Sonne des Sommers lässt Farben leuchten, und Chlorophyll füllt die Natur mit sattem Grün. Nutzen Sie das Licht des Sommers in den frühen Morgenstunden. Dann ist die Luft noch klar, die Farben sind kräftig und die Sonne zeigt sich gnädig. Mittags flirrt das Licht von der Hitze, es ist dunstig und die Schatten sind hart.

Brennweite: 70 mm, Belichtungszeit: 1/250 Sek., Blende: 7,1, ISO: 200

## Sonnenzeit

Der Sommer hat viele Gesichter, und nicht immer zeigt er sich im satten Grün, wie es in unseren Breitengraden üblich ist. Im mediterranen Raum wechseln fruchtbare Gebiete mit karger Vegetation – trotz Sommerzeit.

So sieht der Sommer in Andalusien aus. Ein sattes Grün ist in dieser Provinz eher selten zu finden.
Ort: Cabo de Gata/Spanien, Brennweite: 200 mm, Belichtungszeit: 1/400 Sek., Blende: 9, ISO: 200

So sieht der Sommer in Bayern aus. Ein wolkenverhangener Himmel ist in dieser Region eher häufig anzutreffen.
Ort: Icking bei München, Brennweite: 125 mm, Belichtungszeit: 1/125 Sek., Blende: 8, ISO: 100

## Herbstlicher Farbenrausch

Die leuchtenden Herbstfarben der Blätter entstehen durch Blattpigmente. Bevor das Laub verwelkt, scheinen die Blätter noch einmal sämtliche Lebenskräfte zu mobilisieren, um in Schönheit zu sterben. Indian Summer wird der Herbst in manchen Regionen der USA genannt, weil durch Fotosynthese zumeist rote Blätter entstehen. In unseren Regionen färben sich die Blätter aufgrund der angesiedelten Pflanzenarten überwiegend gelb.

Brennweite: 130 mm, Belichtungszeit: 1/500 Sek., Blende: 8, ISO: 200

Brennweite: 100 mm Macro, Belichtungszeit: 1/100 Sek., Blende: 9, ISO: 200

Brennweite: 200 mm, Belichtungszeit: 1/500 Sek., Blende: 11, ISO: 200

Noch offenbart sich der Herbst nicht im typischen Goldrausch, doch beginnende Laubfärbungen kündigen bereits den Abschied des Sommers an. Ort: München, Belichtungswerte unbekannt (analog).

## Winterträume

### Lichtgaukelei

Eine Landschaft im Schnee reflektiert das Sonnenlicht besonders stark und Ihr Belichtungsmesser gaukelt Ihnen dann eine falsche Zeit vor – egal ob Sie sich im Automatikprogramm oder in einem Kreativmodus befinden. Der Schnee wird ähnlich wie bei einer Unterbelichtung zu schmutzig dargestellt. Um eine Winterlandschaft auch wirklich weiß erscheinen zu lassen, müssen Sie vor dem Auslösen den als „richtig" angezeigten Wert Ihrer Belichtungsskala im Plusbereich mit +1 bis +2 korrigieren, also überbelichten (aufhellen).

Ort: Starnberger See, Brennweite: 200 mm, Belichtungszeit: 1/160 Sek., Blende: 6,3, ISO: 200

## Natur pur

Ein spektakuläres Winterfoto lebt nicht nur von rasanten Bewegungen der Snowboarder und Skifahrer. Natur pur kann mit atemberaubend schönen und bewegenden Bildern aufwarten.

**Kalte Schönheiten**
Wenn die Natur vor Kälte erstarrt, dann „blühen“ Pflanzen auf besondere Art. Kristallscharf begrenzt der Rauhreif pflanzliche Konturen und lässt sie im Sonnenlicht erstrahlen.

## Eisblumeneffekt

Wenn Sie mit Ihrer Kamera aus der warmen Wohnung in die Kälte hinausgehen, können Sie damit rechnen, dass Ihr Objektiv „anläuft" und Eisblumen auf Ihrer Linse „blühen", weil die kondensierte, feuchte Luft auf der Objektivoberfläche gefriert. Schützen Sie Ihre Kamera in einer Tasche, so verschwindet der lästige Schleier bald wieder. Wischen Sie weder an Ihrem Schutzfilter noch an Ihrem beschichteten Objektiv herum, denn Sie hinterlassen dadurch Schlieren, die Ihren Fotos einen unerwünschten Weichzeichnungseffekt verleihen könnten.

## Pyjamaeffekt

Im Winter gibt der Kameraakku seine Power schneller als gewohnt auf. Deshalb rate ich Ihnen, den Akku möglichst körpernah zu tragen und zusätzlich noch einen Ersatzakku mitzunehmen, damit es Sie nicht „kalt erwischt".

Ein ausgedehnter Foto-Spaziergang in eisiger Kälte entzieht dem Akku seine Lebensenergie. Das wiederum legt sich als längs gestreifte Struktur auf Ihren Sensor, die sich störend auf Ihren Aufnahmen zeigt. Diesen Effekt nenne ich wegen seiner Streifen „Pyjamaeffekt".

In der Vergrößerung gut zu erkennen: das störende Muster des Pyjamaeffekt in dunklen Bildstellen.

Foto: Almut Adler, Brennweite: 200 mm, Belichtungszeit: 1/2000 Sek., Blende: 6,3, ISO: 400

Kapitel 2

# Bildgestaltung und Format

## Aufnahme kommt von „aufnehmen“

Bevor Sie eine Aufnahme machen, nehmen Sie Ihr Motiv wahr. Sie nehmen ein Bild geistig auf und fertigen unbewusst schon eine latente Aufnahme in Ihrem Kopf. Schärfen Sie Ihren Beobachtungssinn, indem Sie sich vor dem Auslösen mit dem Motiv visuell auseinandersetzen. Dadurch verhindern Sie in erster Linie flüchtige Gestaltungsfehler. Durch Beobachtung entwickeln Sie Feingefühl für Details, den Blick für das ideale Licht und Gespür für den richtigen Moment. Farben, Kontraste, Linien und Formen sind die Gestaltungselemente in der Fotografie. Jedes Element für sich kann für eine Komposition genutzt werden und Ihrem Bild Gestalt geben. Gegensätze wie weich – hart, flüssig – fest, groß – klein, Schärfe – Unschärfe können wunderbar in Bildern kombiniert werden. Spielen Sie mit Ihrer Fantasie und kehren Sie der gewohnten Sehweise den Rücken.

## Querfeldein

Jede Landschaftsform passt grundsätzlich in jedes Aufnahmeformat, aber nicht jedes Aufnahmeformat passt zu jeder Landschaftsform. Wie ist das zu verstehen? Angenommen, Sie fotografieren in der Toskana die landestypischen, hochgewachsenen Zypressen und möchten diese möglichst formatfüllend fotografieren. Verwenden Sie hierbei nun das Querformat, dann „verschenken“ Sie Format, weil links und rechts der Zypresse zu viel Raum entsteht. Die Zypresse wird optisch zusammengepresst und wäre somit eher ein Fall für das Hochformat.
Das Querformat ähnelt, abhängig von der Brennweite, dem normalen Sichtfeld und vermittelt uns die natürliche Sehgewohnheit. Dieses Format wirkt auf den Betrachter beruhigend und statisch zugleich – für die Landschaftsfotografie das ideale „Feldformat“.
In der Natur- und Landschaftsfotografie werden rund 80 Prozent aller Aufnahmen im Querformat gemacht, weil sich der Blick automatisch in die Weite richtet.
Das Hochformat entspricht unserer Sehgewohnheit weniger und wirkt dadurch meistens dramatischer. Achten Sie darauf, dass Aufnahmeperspektive und Aufnahmeformat mit der Natur harmonieren. Passen Sie Ihr Format der Natur an.

Das quadratische Bildformat ist ausgewogen, harmonisch, aber meist langweilig, ihm fehlt Dynamik und Spannung. Zudem ist die Ausrüstung einer Mittelformatkamera für Naturfotografen wesentlich unpraktischer.

Das Panoramaformat bezieht seine Aussagedramatik allein durch die extremen Seitenverhältnisse (siehe Kapitel 3).

## Harmonische Langeweile

Denken Sie nicht zu viel über Gestaltung nach, sondern folgen Sie Ihrer Intuition. Es gibt keine festen Regeln der Bildkomposition, obwohl unser Auge eher zu Harmonie und Ausgewogenheit tendiert. Dabei besteht leicht die Gefahr, dass Ihr Foto langweilig wirkt und wenig Beachtung findet. Ein Bild mit unausgewogenen Proportionen, sich beißenden Farben oder chaotischen Formen hingegen kann beim Betrachter wesentlich mehr Interesse wecken.

Brennweite: 160 mm, Belichtungszeit: 1/160 Sek., Blende: 16, ISO: 400

## Original und Verfälschung

Näher an ein Motiv heranzugehen ist meistens die beste Lösung für Ihre Aufnahme, doch nicht immer. Was möchten Sie mit Ihrem Bild aussagen, was soll hervorgehoben werden und was ist das Besondere? Folgende Bilder zeigen, wie ein ungünstig gewählter Ausschnitt Ihre eigentliche Bildaussage zunichtemachen kann – wenn Sie näher herangehen.

### Original

Der Gesamteindruck des Bildes macht es sichtbar: Das kleine Landhaus in der spanischen Sierra de los Piños befindet sich in einsamer Lage.

Der riesige Felsbrocken am Strand hat durchaus Charakter und kann für sich selbst stehen. Die Menschen sind nur Beiwerk. Der mächtige Felsen ist das Hauptmotiv und muss es auch bleiben.

Das bescheidene Fischerhäuschen auf der Baja California verleitet mit seiner protzigen Fernsehantenne zum Schmunzeln. Das ist die Hauptaussage des Bildes.

## Verfälschung

Die exponierte Lage des Hauses wird durch das Heranzoomen zunichtegemacht. Nun könnte das Haus überall stehen, sogar in einem Dorf.

Der riesige Felsbrocken wird zu einer schmucklosen Steinwand und das Paar am Strand ist dabei nicht genügend in Szene gesetzt, um die Bildwirkung interessanter zu gestalten.

Auch bei diesem Ausschnitt macht das Heranzoomen die witzige Bildaussage zunichte.

## Bildausschnittfehler

Oft möchten Sie eine einzelne Szene im Bild festhalten und dennoch einen Gesamteindruck vermitteln. Achten Sie hierbei darauf, dass sich Ihre Bildszene nicht in der Weite verliert.

### Falsch

An diesem Strand wimmelt es von einzelnen Motiven. Konzentrieren Sie sich möglichst auf eine Szene und picken Sie diese formatfüllend heraus.

Der mexikanische Goucho und die Wildpferde gehen im Drumherum der Landschaft mit uninteressantem Vordergrund beinahe unter.

Hier verliert sich das Bild in der weißen Weite des Englischen Gartens in München. Die Aussage ist ohne Spannung. Auch hier nimmt ein langweiliger Vordergrund zuviel Raum ein.

## Richtig

Die bewusste Bildteilung durch den Rettungsturm und das Herauspicken der Einzelszene machen das Bild nun zum Hingucker.

Der Blick konzentriert sich auf den Goucho und seine Pferde, ohne dass der Landschaftseindruck verloren geht.

Durch den sonnigen Lichteinfall wird das Hauptinteresse auf den Monopterus-Pavillon gelenkt.

## Falsch

Das zu klein geratene Motiv der drei indischen Fischer geht in den Wassermassen „baden". Rangehen!

Das mittig platzierte Steinhäuschen verliert durch seine monochrome Umgebung zusätzlich an Reiz.

Was wollen Sie darstellen, den dramatischen Abendhimmel oder die im Schatten liegende Savanne Kenias? Beides wurde nicht richtig belichtet.

## Richtig

Die Annäherung an das Motiv bringt Ihnen gleich zwei Vorteile, erstens den besseren Bildausschnitt und zweitens die günstigeren Lichtverhältnisse, weil Sie Ihr Zoom nicht ganz „ausfahren“ müssen.

Durch die weitläufige Darstellung der Landschaft verliert das triste Haus an Bedeutung. Es wird jedoch zum Baustein eines Landschaftsfotos.

Indem Sie in den dunklen Teil der Landschaft hineinmessen, zeigt Ihnen der Belichtungsmesser bei der normalen Aufnahme eine Unterbelichtung an. Ignorieren Sie es, denn nur so korrigieren Sie Ihr Bild richtig.

## Die Bildgestaltung

Wenn Sie an Ihrer Formatwahl zweifeln, dann machen Sie einige Aufnahmen im Hoch- und im Querformat. Sie werden bald entdecken, dass jedes Format seinen eigenen Reiz hat. Dabei sind Raumaufteilung, Symmetrie oder Asymmetrie sowie ein häufiger Perspektivenwechsel für ihre Bildwirkung von großer Bedeutung.

### Achten Sie auf diese Kriterien

- Beschränkung auf das Wesentliche
- Für ein Foto die nötige Zeit nehmen
- Nicht nur so nebenbei fotografieren
- Öfter den Standpunkt wechseln
- Mit verschiedenen Perspektiven spielen
- Immer mit dem Licht fotografieren
- Schatten beachten, auch Eigenschatten
- Unruhige Hintergründe erkennen
- Ausgefallene Positionen einnehmen
- Ein Thema wählen – oder eine Serie machen
- An das Motiv herangehen oder heranzoomen
- Weg von der „Jeder Schuss ist ein Treffer“-Idee

## Raumaufteilung und Gewichtung

Gewichtung mittig

Gewichtung unten

Gewichtung oben

## Symmetrie und Asymmetrie

Der zentrierte Bildaufbau

Der Goldene Schnitt

Der asymmetrische Bildaufbau

## Verschiedene Perspektiven (perspektivische Verzerrung beachten)

Von oben: Vogel-Perspektive

Von unten: Frosch-Perspektive

Augenhöhe: Normal-Perspektive

Dieses Bild zeigt das Original. Ebenso gut hätte ich zweimal mehr auf den Auslöser drücken können, um folgendes Motiv im Hoch- und Querformat festzuhalten

## Formatentscheidung

Bildausschnitte stellen den Fotografen oft vor die Qual der Wahl. Welches Format setzt Ihre Bildaussage am besten in Szene? Wie Sie sehen, ist keiner dieser Bildausschnitte besser oder schlechter, denn Bildausschnitte hängen oft vom jeweiligen Motiv ab. Dabei ist es Ihre Entscheidung, wie oft Sie im Zweifelsfall auf den Auslöser drücken. Lieber einmal zu viel als einmal zu wenig.

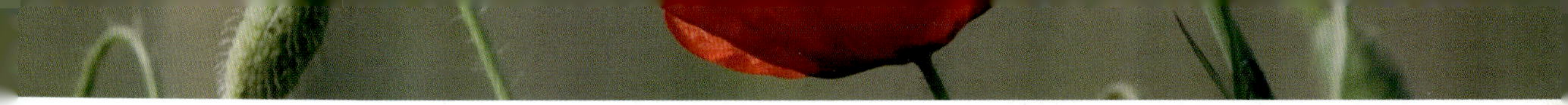



# Ästhetische Bilder

## Der Goldene Schnitt

Der Goldene Schnitt gilt als Inbegriff von Ästhetik und Harmonie. In der Kunst wird er oft als ideale Proportion verschiedener Längen zueinander gesehen. Die meisten Menschen empfinden den Goldenen Schnitt als harmonisch. In Wirklichkeit liegt dem „Zauber" der Bildgestaltung ein nüchtern konstruiertes 1,618:1-Verhältnis zugrunde.

Diese Schemenskizze veranschaulicht die Bildgestaltung der 1,618:1-Aufteilung im Goldenen Schnitt – als Bildwirkung und als Streckengewichtung

Maler wie z. B. Albrecht Dürer, Picasso oder Piet Mondrian orientierten sich am Prinzip des Goldenen Schnitts. Letztlich ist es eine Frage Ihres persönlichen Geschmacks, Ihre Aufnahme danach auszurichten, denn was als schön bezeichnet wird, darüber lässt sich bekanntlich streiten. Bildgestaltung sollte sich im Wesentlichen nach dem eigenen Formgefühl richten, obwohl die Regel des Goldenen Schnitts immer ein harmonisches Ergebnis bringt. Doch festgefahrene „Muster" engen die eigene Kreativität ein und lassen keinen Raum für Individualität. Ihre Wahrnehmung wird sich mit der Zeit intuitiv verbessern – Sie müssen nur am Drücker bleiben.

Ein Bild wie dieses wirkt auch deshalb so harmonisch und ausgewogen, weil es exakt nach den Proportionen des Goldenen Schnitts aufgenommen wurde – passend in Gold.

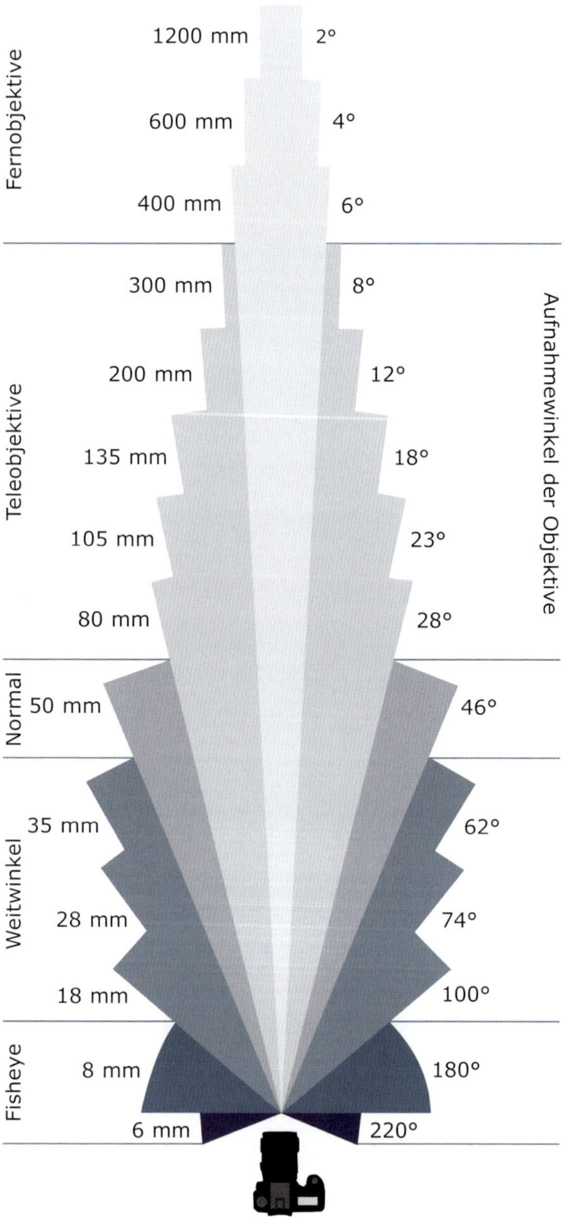


## Der Bildwinkel

### Den Winkel im Blick

Der normale Blickwinkel eines geradeaus blickenden Menschen beträgt ca. 50 Grad. Die unterschiedlichen Bildwinkel in der Fotografie werden durch verschiedene Brennweiten erzeugt. Je kürzer die Brennweite Ihres Objektivs (z. B. 24 mm), umso weiter ist der Bildwinkel und desto weiter entfernt liegt Ihr Motiv. Je länger Ihre Brennweite ist (z. B. 300 mm), umso mehr verengt sich Ihr Bildwinkel und desto näher holen Sie Ihr Motiv heran.

Kurze Brennweiten erzeugen einen weiten Bildwinkel – dadurch haben Sie viele Informationen auf Ihrem Foto. Die Gefahr besteht, dass Ihr eigentliches Motiv in seiner Umgebung untergeht. Mit einer langen Brennweite hingegen können Sie Ihr Motiv ganz nah heranholen. Bei schlechten Lichtverhältnissen sind Sie mit langen Brennweiten allerdings benachteiligt, da diese oft erst mit Blendenöffnungen von 4 oder 5,6 oder gar 6,3 beginnen.

### Ausfahren vermeiden

Eine lange Brennweite oder das „Ausfahren" eines Telezooms geht auf Kosten des Lichts. Deshalb ist es ratsamer, sich auf Ihr Motiv hinzubewegen, anstatt es heranzuzoomen. Der wesentliche Vorteil dieser Methode ist, dass Sie sich dadurch „Licht sparen“. Beim Ausfahren eines Objektivs muss das Licht durch einen langen „Tunnel“ und wird somit abgeschwächt.

## Schräglage

Ein gerader Horizont ist nicht zwingend. Auch hierbei können Sie von der Norm abweichen, wenn es Ihnen gefällt. Die Landschaftsaufnahme von Santorin wurde von mir bewusst schräg aufgenommen, um Horizont und Mauerkante mit der Schrägstellung des Motorradlenkers in die Parallele zu bringen.

## Variable Ansichten

Zoomobjektive haben den Vorteil, dass Sie Ihren Bildwinkel fließend verändern können, indem Sie entweder in den Weitwinkel-, in den Normal- oder in den Telebereich zoomen. Deshalb spricht man auch von variablen Brennweiten. Je nach Wahl Ihrer Brennweite verändern Sie auch Ihre Tiefenschärfe. Welche Brennweite Ihr Motiv letztendlich optimal zur Geltung bringt, können Sie selbst am besten durch den Sucher entscheiden.

Folgende drei Landschaftsaufnahmen wurden mit einem 17–200-mm-Zoomobjektiv aufgenommen. Der 17-mm-Weitwinkelbereich erfasst einen großen Raum der andalusischen Landschaft und erzeugt durch den kleinen Maßstab eine paradiesische Weite

Der 55-mm-Normalbereich des Objektivs holt dem Betrachter die Landschaft näher heran

Der 200-mm-Telebereich pickt sich das unschöne Detail eines riesigen Plastikrohrs in der schönen Landschaft heraus, um den scheinbar paradiesischen Eindruck zu entlarven

## Die Schärfentiefe

Das Variieren mit Schärfe und Unschärfe ist eines der kreativsten Stilmittel in der Fotografie. Durch das Verändern von Blende, Distanz und Brennweite wird die Schärfentiefe maßgeblich beeinflusst.

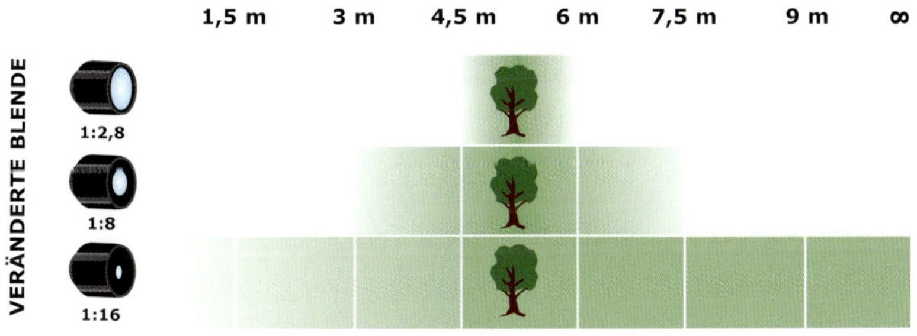


Die unterschiedlichen Blendenöffnungen zeigen, wie sich bei gleicher Aufnahmedistanz und mit demselben Objektiv die Schärfentiefe verändern kann. Je geschlossener die Blende, umso größer die Schärfentiefe. Sie liegt etwa ein Drittel vor und zwei Drittel hinter dem scharf gestellten Motiv.

Die selbe Blendenöffnung bewirkt bei einer veränderten Distanz zum Motiv eine unterschiedliche Schärfentiefe. Bei großer Distanz zum Motiv vergrößert sich die Schärfentiefe. Bei geringer Distanz zum Motiv verringert sich die Schärfentiefe.

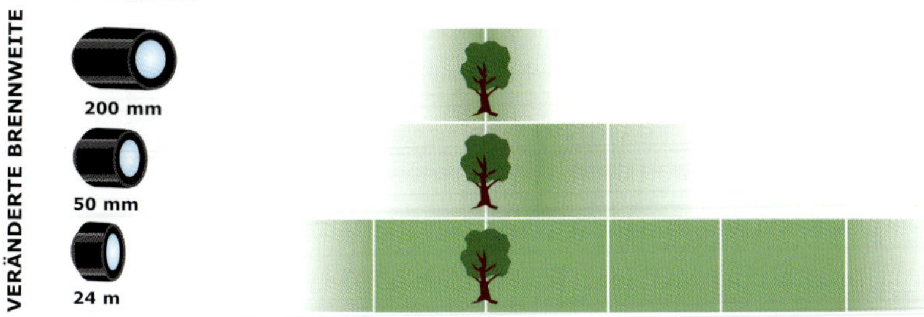


Verschiedene Brennweiten ergeben eine unterschiedliche Schärfentiefe bei gleicher Blende. Ein Teleobjektiv erreicht eine geringe Schärfentiefe vor und hinter dem Motiv, ein Normalobjektiv eine mittlere Schärfentiefe und ein Weitwinkelobjektiv die größte Schärfentiefe. Fisheye und extreme Weitwinkel (10/18 mm) erfassen bei jeder Blende die volle Schärfe des Bildraums.

Anhand dieses Fotos können Sie sich merken, wie sich Ihre Blendenwahl auf die Schärfentiefe Ihres Bildes auswirkt. Eine offene Blende, wie ich sie hier mit der Hand andeute, bewirkt eine geringe Schärfentiefe – 1/3 vor und 2/3 hinter dem Motiv. Rufen Sie sich dieses Bild immer ins Gedächtnis, und Sie wissen sofort, was eine offene Blende bewirkt

## Freischwimmer

Diese Belichtungsreihe mit einer Brennweite von 68 mm und Blendenwerten von 3,5 und 9 sowie 22 zeigt deutlich, wie sich die Schärfentiefe der Netzschwimmer erhöht, je geschlossener die Blende ist.

Brennweite: 68 mm, Belichtungszeit: 1/8000 Sek., Blende: 3,5, ISO: 200

Brennweite: 68 mm, Belichtungszeit: 1/1250 Sek., Blende: 9, ISO: 200

Brennweite: 68 mm, Belichtungszeit: 1/160 Sek., Blende: 22, ISO: 200

Durch dieses Gitter einer verschlossenen Tür wurde das Innere einer andalusischen Höhlenwohnung fotografiert. Brennweite: 24 mm, Belichtungszeit: 1/250 Sek., Blende: 4, ISO: 200.

## Hinter Gittern

Mit dem Teleobjektiv und einem simplen Blendentrick können Sie Maschendrahtzäune u. Ä. durch geringe Schärfentiefe verschwinden lassen.

1. Setzen Sie dazu möglichst Ihre längste Brennweite ein und öffnen Sie die Blende so weit, wie es Ihr Objektiv erlaubt.
2. Dann drücken Sie Ihre Linse (am besten mit Schutzglas/UV-Filter) direkt an den Maschendraht.
3. Nun fokussieren Sie ein Motiv.
4. Ist es im Inneren zu dunkel, erhöhen Sie Ihre ISO-Einstellung.
5. Spielt Ihr Autofokus verrückt, indem er hin und her rotiert, so fokussieren Sie fälschlicherweise gegen das Gitter.
6. Schieben Sie das Objektiv einfach ein wenig am Gitter herum, bis der Autofokus ein „Schlupfloch" findet und Ihr Motiv scharf stellt.
7. Lösen Sie aus.

Hier wurde mit den unteren Belichtungswerten fotografiert; auf diese Weise erhalten Sie ein verschwommenes Muster der Gittertür in Ihrem Bild. Brennweite: 26 mm, Belichtungszeit: 1/50 Sek., Blende: 4,5, ISO: 1600.

Fotografieren Sie nun mit diesen Kameraeinstellungen, dann können Sie „Hokus Fokus" das Gitter in Ihrem Bild verschwinden lassen. Brennweite: 17 mm, Belichtungszeit: 1/80 Sek., Blende: 2,8, ISO: 1600.

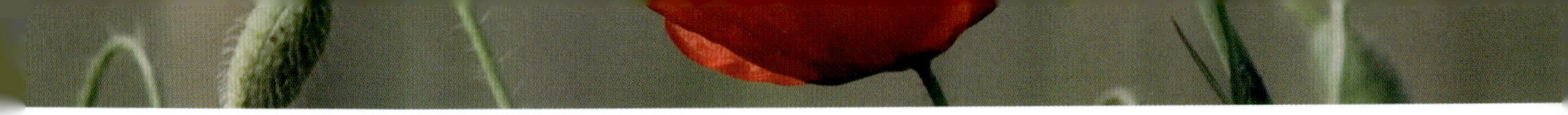



## Rahmenbedingungen

Das Umrahmen des eigentlichen Motivs ist eine Bildkomponente, die Ihre Gesamtaufnahme harmonisch gestaltet. Motivrahmen innerhalb des Bildausschnitts können durch Säulen, Regenbogen, Mauern, Fenster, Bäume oder Felsen Ihr Motiv in seiner Aussage noch verstärken. Ziehen Sie bei solchen Eingrenzungen auch die Tiefenschärfe in Betracht. Soll der Rahmen Ihr Motiv unscharf umgeben oder soll die Schärfe auf gleicher Ebene liegen wie das Motiv selbst? Finden Sie ein Motiv, das inhaltlich in den von Ihnen gewählten Rahmen passt. Sie werden verblüfft sein, wie die Bildaussage durch die Einrahmung seine Wirkung verändert.

**Felsrahmen**
Der halbe Rundbogen des Felsens bringt die Eigenart der Landschaft zum Ausdruck.

**Türrahmen**
Orientalischer Blick: Dieser ornamentale Durchblick von der Alhambra auf die Altstadt Granadas entspricht dem klassischen Rahmenbild. Brennweite: 105 mm, Belichtungszeit: 1/160 Sek., Blende: 16, ISO: 400.

**Treppenrahmen**
Obwohl die Treppen in Oia auf Santorin keinen eigentlichen Rahmen bilden, erscheint die orangefarbene Liege inmitten der Treppen wie eingerahmt.

**Radrahmen**
Ein Rad bietet gleich mehrere Rahmen und teilt die Landschaft in viele kleine „Tortenstücke". Brennweite: 35 mm, Belichtungszeit: 1/160 Sek., Blende: 10, ISO: 100.

**Spektralrahmen**
Diese Umrahmung fällt aus dem Rahmen, weil sie vergänglich ist und Sie sich mit dem Fotografieren beeilen müssen, um sie festzuhalten. Der Regenbogen macht aus dem Foto ein gelungenes Kontrastbild für spitz – rund. Brennweite: 85 mm, Belichtungszeit: 1/160 Sek., Blende: 11, ISO: 400.

**Metallrahmen**
Das Geländer einer Brücke dient als eiserner Bilderrahmen und umschließt die Landschaftsaufnahme wie die Berge das Tal. Als Vergleich sehen Sie den Bildausschnitt ohne Rahmen.

**Baumrahmen**
Der Kölner Dom wird von den Bäumen eher „in die Mangel genommen“ als eingerahmt. Durch die vertikale Ausrichtung beider Motive entsteht dennoch eine Rahmenwirkung.

Foto: Jan Röpenak, Ort: Schäftlarn/München, Brennweite: 10 mm, Blende: 11, ISO: 200, Stativ und Fernauslöser

Kapitel 3

# Panorama-aufnahmen

## In die Horizontale

Weil das Auge nicht mehr als ein Blickfeld von ca. 50 Grad erfassen kann, werden bei Panoramaaufnahmen die „Einzelblicke" gesammelt und später als Bild zusammengefügt. In einer 180-Grad- oder gar 360-Grad-Darstellung dieses Abtastsystems liegt die Faszination. Vermutlich haben Sie früher schon einmal mit Panoramabildern experimentiert. Sie haben ein paar Reihenaufnahmen gemacht, um sie dann laienhaft in Ihrem Fotoalbum zusammenzukleben. Davon ist die heutige Panoramafotografie Lichtjahre entfernt. Heute können Sie Ihren Horizont mit einer speziellen Technik erweitern, indem Sie nahtlos ein Panoramabild mit 360 Grad in höchster Qualität aufnehmen.

## Ein weites Feld

Ein Panoramabild können Sie natürlich auch mit simpleren Methoden aufnehmen – z. B. mit einer handelsüblichen Kompaktkamera, die mit dem „Scheinmodus“ Panorama arbeitet (das Bild wird oben und unten beschnitten), oder wie im oberen Bild sogar mit einem Fotohandy im Panoramamodus. Das untere Bild ist ein Scheinpanorama, das Bild wurde oben und unten beschnitten.

## Amateurpanoramen

Die 2-MByte-Handykamera machte aus zwei Einzelaufnahmen ein ganz passables Panoramabild. Aus fotografischer Sicht ist dieser Schnappschuss eher eine Spielerei.

Aus einer Landschaftsaufnahme lässt sich leicht ein Scheinpanorama erstellen, indem Sie die Aufnahme oben und unten abschneiden. Die digitale Bildqualität wird dabei um etwa 2/3 verringert.

Hier wurden zwei Einzelaufnahmen aus der Hand geschossen und mit einer Software zu einer Panoramaaufnahme zusammengesetzt – dafür kann sich das Ergebnis durchaus sehen lassen.

## Panoramen im Schnellhefter

Bei dem Thema Panoramafotografie komme ich nicht umhin, spezielle Software zu empfehlen, die Ihnen solche Aufnahmen erst ermöglicht. Hierbei handelt es sich jedoch nicht um ein Bildbearbeitungsprogramm, sondern um ein Bildverarbeitungsprogramm. Hier ein paar Beispiele:

- Photomerge: Panoramafunktion in Photoshop CS3
- Autostitch: kostenloses Freeware-Tool unter `http://www.cs.ubc.ca/~mbrown/autostitch/autostitch.html`
- NOVOFLEX: Panorama Studio (für Windows), Download der Shareware-Version: `http://www.tshsoft.de/panoramastudio/index.html`
- PTGui: für Mac, Preis: 90 bis 150 Euro, Download unter `http://www.ptgui.com`

Für eine Panoramaaufnahme werden mehrere Bilder hintereinander gemacht und die Kamera wird bei jeder Auslösung um einen vorher bestimmten Winkel gedreht. Die einzelnen Aufnahmen „stitchen" (heften) Sie später mit einer kommerziellen Stitching-Software, z. B. PTGui, zu einer Gesamtaufnahme zusammen. Wie nachfolgend erwähnt, benötigen Sie für Ihre Panoramabildserie eine spezielle Ausrüstung und für die Weiterverarbeitung eine Stitching-Software (siehe auch Kapitel 9 „Ausrüstung").

3 2 1

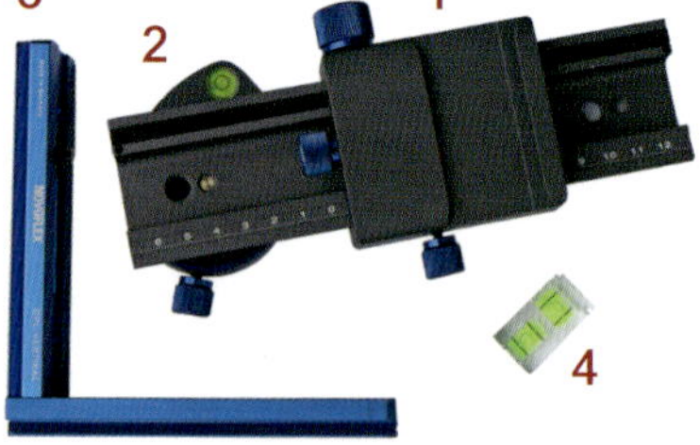

4

5

6

7

8

9

## Davor-Zubehör

Was Sie zum Fotografieren einer Panoramaaufnahme benötigen:

- Panoramakopf, z. B. Novoflex Panorama-VR-System, bestehend aus Panoramaplatte (1), Einstellschlitten Castel-Q (2), Winkelschiene Q=Plate Vertikal (3) und Miniwasserwaage (4) für den Blitzschuh
- eine digitale Spiegelreflexkamera mit einem Standard- oder Weitwinkelobjektiv (5), alternativ eine analoge SLR-Kamera und einen Scanner
- ein stabiles Stativ mit nivellierbarer Mittelsäule. Empfehlung: Gitzo oder Manfrotto (6)
- einen Kugelkopf (Empfehlung: Novoflex ClassicBall oder MagicBall) (7), einen Neiger oder eine nivellierbare Mittelsäule
- einen Fernauslöser/Drahtauslöser (8)

## Danach-Zubehör

Was Sie nach dem Fotografieren Ihrer Panoramaaufnahmen benötigen:

- Foto von Computer
- einen Computer mit mindestens 1 GByte Arbeitsspeicher und externer Festplatte ab 200 GByte
- eine kommerzielle Stitch-Software für das spätere Zusammensetzen der Einzelbilder (Empfehlung für Einsteiger: PanoramaStudio (9) für Windows, DoubleTake oder PTGui für MAC)

## Der Parallaxeneffekt

Mit diesem Experiment können Sie sich gut vor Augen halten, wie ein Parallaxenausgleich funktioniert: indem Sie einen Zeigefinger ca. 10 cm vor die Nase halten und den anderen eine Armlänge entfernt. Nun kneifen Sie ein Auge zu und versuchen, beide Zeigefinger in Deckung zu bringen. Neigen Sie Ihren Kopf mal nach rechts und mal nach links. Sehen Sie, was passiert? Der vordere Zeigefinger wandert dabei nach rechts, obwohl Sie ihn nicht bewegen. Beim Rechtsschwenk geht der vordere Zeigefinger nach links. Warum? Weil Sie Ihren Kopf nicht im optischen Zentrum Ihrer Augen gedreht haben. Wenn Sie es schaffen, beide Zeigefinger in Deckung zu bringen, dann ist Ihnen das gelungen, was in der Fotografie als Parallaxenausgleich bezeichnet wird. Dieser optische Ausgleich ist für das exakte Aneinandersetzen Ihrer Einzel-Panoramafotos notwendig.

## Was ist der Nodalpunkt?

Der Panoramakopf auf Ihrem Stativ ermöglicht das Drehen des Systems um den Knotenpunkt des Objektivs, den sogenannten „Nodalpunkt“. Dadurch wird beim Schwenken die Parallaxenverschiebung vermieden, was für das spätere Zusammensetzen der Einzelaufnahmen von großer Bedeutung ist. Nur so kann die Stitch-Software fehlerfrei arbeiten, um später ein optimales Ergebnis zu liefern. Die Lage des Nodalpunkts ist abhängig vom verwendeten Objektiv und der eingestellten Brennweite.

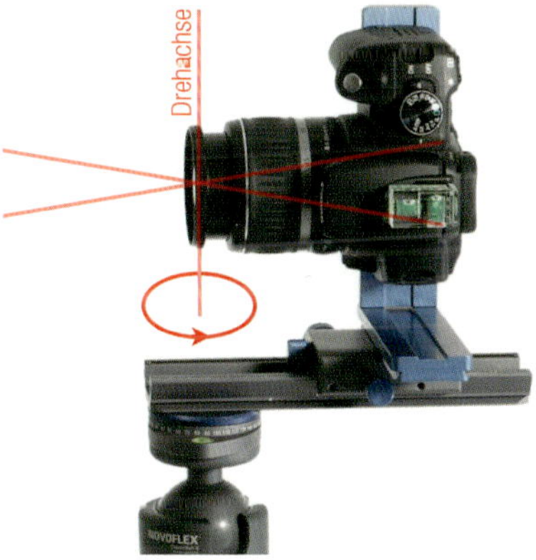


Wenn die Drehachse genau durch den Nodalpunkt des Objektivs verläuft, kommt es zu keinem Parallaxeneffekt beim Schwenken. Vorder- und Hintergrund bewegen sich nun nicht in ihrem Verhältnis zueinander, sondern bleiben konstant.

Bild 1+2. Stehlampe und Türrahmen wurden hier nicht exakt zur Deckung gebracht (1). Beim Schwenk nach rechts bewegt sich die Stehlampe nach links (2). In diesem Fall dreht sich das System noch nicht im Knotenpunkt des Objektivs.

1

2

Bild 3+4. Wiederholen Sie den Schwenkvorgang so lange, bis sich die vertikalen Objekte Stehlampe und Türrahmen nicht mehr voneinander entfernen. Nun haben Sie den richtigen Abstand am Einstellschlitten gefunden.

3

4

## Justierung am Einstellschlitten

Solange sich das System noch nicht im Knotenpunkt des Objektivs dreht, müssen Sie den richtigen Abstand am Einstellschlitten suchen. Beim Schwenken des Systems werden Sie feststellen, dass sich die Objekte mal stärker und mal schwächer voneinander wegbewegen. Diesen Vorgang müssen Sie so lange wiederholen, bis sich Türrahmen und Stehlampe nicht mehr voneinander wegbewegen (3+4). Ihr Panoramakopf dreht sich beim horizontalen Schwenk im Knotenpunkt des Objektivs.

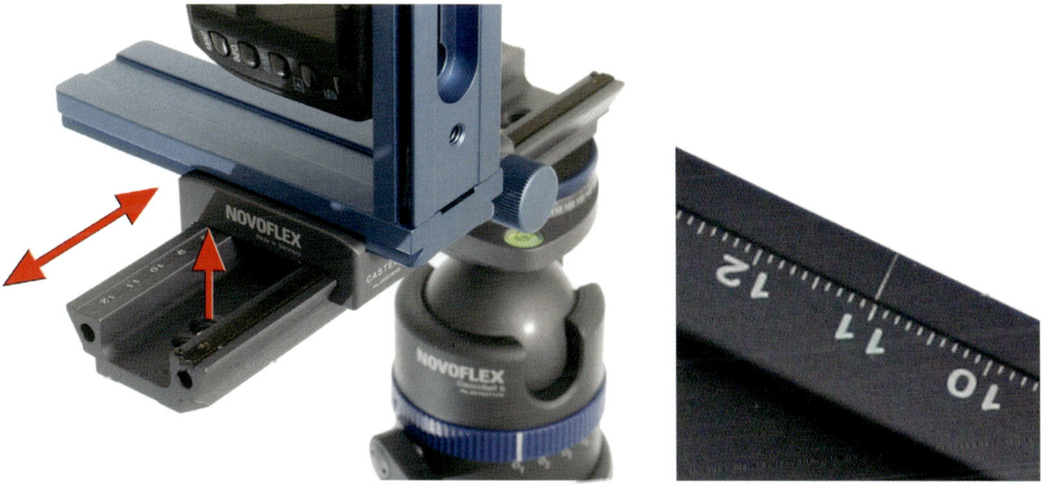


Ihren ermittelten Zahlenwert am Einstellschlitten notieren Sie sich für zukünftige Aufnahmen mit der jeweiligen Kamera-Objektiv-Kombination. Oder Sie markieren sich den Wert durch Einritzen an der Einstellschiene.

## Was macht die Stitch-Software?

Die Stitch-Software macht nach Ihren Aufnahmen eigentlich nichts anderes, als die Einzelbilder nahtlos aneinanderzusetzen. Das ist jedoch nur zum Teil richtig, denn vorher werden die Einzelbilder noch kräftig verformt. Und zwar so, als wären die Bilder auf eine Kugel, einen Zylinder oder auch auf eine ebene Fläche geklebt worden. Wenn Sie Ihre Aufnahmen mit einem Weitwinkelobjektiv gemacht haben, dann treten die Effekte besonders deutlich hervor, weil ein entsprechend großer Bildwinkel erzeugt wurde.

Diese zwei Einzelbilder wurden mit einem 14-mm-Weitwinkelobjektiv und einer Kamera mit Vollformatsensor aufgenommen. Würden Sie die Bilder nebeneinanderlegen, hätte dies kaum etwas mit einem Panorama zu tun.

Wie kam es nun zu diesem Ergebnis? Die Stitch-Software verformte zuerst die Einzelbilder und setzte sie dann zusammen. Der horizontale Bildwinkel beträgt jeweils etwa 160 Grad.

**Tipp**

Experimentieren Sie vorerst einmal herum, bevor Sie die Anschaffung eines Panoramakopfes in Erwägung ziehen. Wenn Sie sehr sorgfältig Ihre Panoramafotos aufnehmen, dann sind Sie mit der Stitching-Software Photomerge von Photoshop CS3 als Panorama-Neuling erst einmal gut beraten.

## Projektionsarten

Je nach Funktionsumfang und Projektionsart unterscheidet die Stitch-Software zwischen Flächenpanoramen, Zylinderpanoramen und Kugelpanoramen. Probieren Sie aus, welche Projektionsart sich am besten für Ihre Aufnahmen eignet oder welche Art für Sie am spektakulärsten aussieht.

Diese zwei Einzelbilder wurden mit einem 14-mm-Weitwinkelobjektiv und einer Kamera mit Vollformatsensor aufgenommen. Würden Sie diese Bilder nebeneinanderlegen, hätte das nichts mit einem Panorama zu tun.

Ergebnis der Stitching-Software als Flächenprojektion

Ergebnis der Stitching-Software als Zylinderprojektion

Welche Projektionsart Sie wählen, ist abhängig vom Bildwinkel, vom Motiv oder vom eigenen Geschmack. Diese Entscheidung müssen Sie jedoch nicht schon vor der Aufnahme treffen, sondern später am Rechner. Dort können Sie die angebotenen Varianten in Ruhe durchspielen. Generell sollten Sie wissen:

- Kleine Bildwinkel = Flächenprojektion
- Große Bildwinkel = Zylinder- oder Kugelprojektion

Ergebnis der Stitch-Software mit einer Kugelprojektion unter Verwendung von 6 Bildern, Bildwinkel 360°, aufgenommen mit einem 14-mm-Weitwinkelobjektiv an einer Kamera mit Vollformatsensor.

Bei Bildwinkeln über 180 Grad können Sie nur noch mit der Zylinder- oder Kugelprojektion arbeiten. Die Flächenprojektion scheidet aus, denn auf einer ebenen Fläche können Sie nur das abbilden, was sich davor und nicht räumlich dahinter befindet.

## Vorbereitung zur Aufnahme

1. Zuerst einmal montieren Sie alle Komponenten Ihres Panoramasystems (von oben nach unten): Wasserwaage an den Blitzschuh, Kamera mit Objektiv, Fernauslöser an die Kamera, Winkelschiene Q=Plate Vertikal, Einstellschlitten Castel-Q, Panoramaplatte und Kugelkopf auf Stativ.

2. Richten Sie nun den Panoramakopf (2) horizontal mit der Wasserwaage (1) an der Panoramaplatte aus – auch wenn das Stativ schräg stehen sollte.

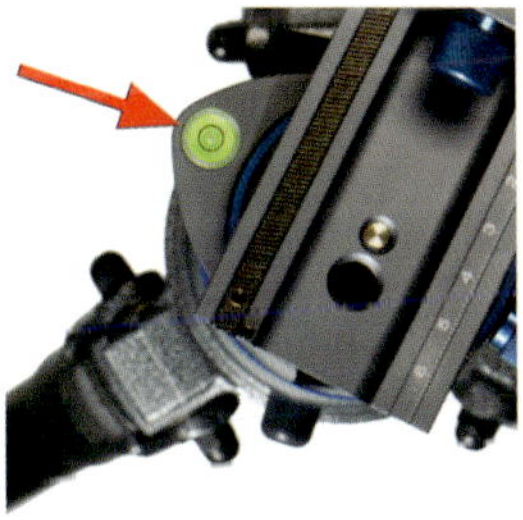

3. Ihre Kamera richten Sie vertikal mittels einer Schraube am Winkel (3) aus, dabei orientieren Sie sich an der Wasserwaage im Blitzschuh (4). Das mittlere Autofokus-Messfeld richtet sich jetzt genau auf den Horizont. Tipp: Wenn Sie den Winkel für andere Aufnahmen nicht von der Kamera lösen, können Sie auf diese Voreinstellungen bei späteren Panoramafotos verzichten.

4. Zum Verschieben des optischen Zentrums der Kamera in die Drehachse lösen Sie die Schraube der Wechselbasis. Betrachten Sie Ihre Kamera direkt von vorne – schieben Sie den Winkel so weit, bis sich das Objektiv der Kamera im Zentrum der Drehachse des Panoramakopfs befindet. Zum präzisen Ausrichten eignet sich ein Lineal oder ein Pendel. Nun ziehen Sie die Schraube der Wechselbasis fest. Tipp: Markieren Sie die gefundene Stelle, indem Sie mit einer Schere in die Wechselbasis des Einstellschlittens (S.113) ritzen. Sie ersparen sich bei späteren Montagen eine erneute Justierung, wenn Sie Ihre Markierungen zur Deckung bringen.

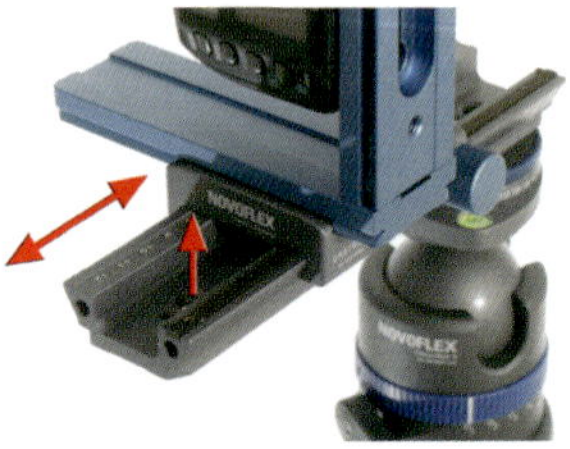

5. Um den Abstand zur Drehachse zu finden, schwenken Sie Ihre Kamera horizontal herum. Ermitteln Sie nun den Nodalpunkt, um eine Parallaxenverschiebung zu vermeiden. Dazu bringen Sie ein vertikales Objekt im Hintergrund mit einem weiteren im Vordergrund zur Deckung. Schwenken Sie Ihre Kamera und beobachten Sie, wie sich die Objekte voneinander wegbewegen – oder, wenn richtig, in Deckung bleiben. Wiederholen Sie den Vorgang so lange, bis sich die vertikalen Objekte beim Schwenken zueinander konstant bleiben. Dann befindet sich das System im Knotenpunkt des Objektivs und Sie können mit Ihren Aufnahmen beginnen.

## Horizonterweiternd

Das Einzigartige an der Panoramafotografie liegt in der Möglichkeit, mit einer speziellen Kameraausrüstung und mehreren Aufnahmen einen Bildwinkel von 360 Grad darzustellen. Das wäre mit einem „bloßen" Fotoapparat meist nicht so leicht möglich.

360°-Kugelprojektion mit 6 Bildern, aufgenommen mit einem 14-mm-Weitwinkelobjektiv und einer Vollformatkamera

Der vertikale Bildwinkel ist abhängig von der Brennweite des verwendeten Objektivs. Möchten Sie also einen möglichst großen Bildwinkel abbilden, so montieren Sie die Kamera in die vertikale Position und verwenden ein Objektiv mit möglichst großem Weitwinkel. Mit einem Fisheye-Objektiv können Sie wegen der runden, perspektivischen Verzerrung von 180 Grad sogar komplette Kugelpanoramen erstellen (mit vertikalem Schwenk für Himmel- und Bodenaufnahmen).

Vertikale Anwendung der Winkelschiene für Weitwinkelpanoramen

Vertikaler und auch horizontaler Bildwinkel sind von der Brennweite sowie von der Anzahl der Einzelbilder abhängig. Entscheidend für das Aufnahmeformat ist hier der Unterschied zwischen Weitwinkel- und Telepanorama. Möchten Sie nun ein Telepanorama mit einer langen Brennweite erstellen, so empfehle ich Ihnen die horizontale Montage der Kamera.

Vorteil: Die Schrittweiten werden größer und die Anzahl der Aufnahmen reduziert sich. Die Lage des Nodalpunkts ändert sich beim Wechsel in die Horizontale übrigens nicht.

Horizontale Anwendung der Winkelschiene für Telepanoramen

## Verdrehte Welt

Als Panoramafotograf/in sollten Sie Ihre Ausrüstung in zwei Teilen transportieren, so hat es sich in der Praxis bewährt. Fotografieren Sie zwischendurch in einem anderen Genre und empfinden den angeschraubten Winkel als störend, dann entfernen Sie ihn einfach von Ihrer Kamera. Um den Nodalpunkt zu finden, müssen Sie allerdings Ihr System jedes Mal wieder neu justieren.

- Teil 1: das Stativ mit Kugelkopf und darüber montierter Panoramaplatte mit Einstellschlitten
- Teil 2: Kamera mit aufgesetzter Wasserwaage im Blitzschuh und montierter Winkelschiene. Nun sind nur noch wenige Einstellungen für Ihre Panoramaaufnahme nötig.

## Sicherheitscheck vor dem Start

- Fernauslöser in die Kamera stecken, bevor sie an den Winkel montiert wird.
- System horizontal oder vertikal ausrichten – Kontrolle durch Wasserwaage an Blitzschuh und Panoramaplatte.
- Schrittweite der Verdrehwinkel festlegen, z. B. 40° und 9 Aufnahmen beim Weitwinkelobjektiv und 60° und 6 Aufnahmen beim Teleobjektiv.
- Nodalpunkt nach vorher ermitteltem Wert einstellen.
- Feste Farbtemperatur an der Kamera einstellen = AF-WB (Sonnensymbol). Nicht automatischen Weißabgleich wählen, da Teilbilder sonst farblich differieren können.
- Aufnahmemodus M einstellen, um die Belichtung der Einzelaufnahmen konstant zu halten.
- Belichtungszeit einstellen.
- Blende 8 bis 16 wählen = genügend Tiefenschärfe, wenig Randabschattung (Vignettierung).
- Schärfe auf das Hauptmotiv legen und durch Abschalten des Autofokus fixieren (Schärfe muss konstant bleiben).

Ist alles richtig eingestellt, können Sie mit Ihren Panoramaaufnahmen beginnen.

## Die Aufnahme/n

1. Richten Sie Ihren Panoramakopf horizontal oder vertikal aus, indem Sie am Kugelkopf drehen und sich an der Wasserwaage in der Panoramaplatte orientieren. Dabei kann Ihr Stativ sogar schräg stehen.
2. Justieren Sie Ihre Kamera an den vorher eingeritzten Markierungen und bringen Sie beide Striche zur Deckung.
3. Nun legen Sie anhand der folgenden Tabellen den Verdrehwinkel Ihrer Aufnahmefolgen fest.

4. Für jede Aufnahme verdrehen Sie die Panoramaplatte um einen bestimmten Winkel – je nachdem, welche Brennweite Sie verwenden (siehe Tabellen). Dieser Verdrehwinkel ist nötig, damit sich die Einzelbilder leicht überlappen. Verwenden Sie immer den gleichen Verdrehwinkel.
5. Benutzen Sie z. B. einen Verdrehwinkel von 40°, dann machen Sie 9 gleich belichtete Aufnahmen hintereinander.
6. Aus 9 Aufnahmen mit einem Weitwinkelobjektiv und einem Verdrehwinkel von 40° ergibt sich nun ein 360°-Kugelpanorama.
7. Ihre Einzelbilder zum gewünschten Panoramabild sind gemacht.
8. Nun fügen Sie die 9 Einzelbilder mit Ihrer Stitching-Software zu einer Gesamtaufnahme zusammen.

Diese Abbildungen verdeutlichen, wie sich aus 9 Einzelaufnahmen per Stitching-Software ein Zylinderpanorama zusammensetzt.

**Rundgang**
Bei diesen 9 Einzelaufnahmen habe ich mich nach jedem 2. Bild anders im Raum positioniert. Um wegen der Überlappung beim Zusammenfügen der Fotos keine unsaubere Darstellung zu erhalten, stellte ich mich jeweils mittig ins Bild der Einzelaufnahmen. Das ersparte mir aufwendige Ebenenretuschen meiner Person in Photoshop.

**Rundflug**
Durch zeitversetzte Einzelaufnahmen dieses Zylinderpanoramas konnte der Gleitschirmflieger beim Start und in 3 Flugphasen über dem Achensee abgelichtet werden.

## VERTIKALE MONTAGE/WEITWINKELPANORAMEN

Schrittweiten bei APS-Kameras mit Crop-Faktor 1,5–1,6

| Objektiv | Aufnahmen | Verdrehwinkel | Überlappung |
|---|---|---|---|
| 10 mm | 6 | 60° | 19 % |
| 12 mm | 9 | 40° | 38 % |
| 14 mm | 9 | 40° | 29 % |
| 17 mm | 12 | 30° | 37 % |
| 18 mm | 12 | 30° | 34 % |
| 20 mm | 12 | 30° | 27 % |
| 24 mm | 18 | 20° | 42 % |
| 28 mm | 18 | 20° | 33 % |
| 35 mm | 24 | 15° | 38 % |
| 40 mm | 24 | 15° | 29 % |
| 50 mm | 36 | 10° | 41 % |
| 70 mm | 36 | 10° | 18 % |

## VERTIKALE MONTAGE/WEITWINKELPANORAMEN

Schrittweiten bei Vollformatkameras

| Objektiv | Aufnahmen | Verdrehwinkel | Überlappung |
|---|---|---|---|
| 10 mm | 6 | 60° | 33 % |
| 12 mm | 6 | 60° | 26 % |
| 14 mm | 6 | 60° | 19 % |
| 17 mm | 9 | 40° | 43 % |
| 18 mm | 9 | 40° | 35 % |
| 20 mm | 12 | 30° | 44 % |
| 24 mm | 12 | 30° | 35 % |
| 28 mm | 12 | 30° | 21 % |
| 35 mm | 18 | 20° | 40 % |
| 40 mm | 18 | 20° | 26 % |
| 50 mm | 36 | 10° | 49 % |
| 70 mm | 36 | 10° | 23 % |

## HORIZONTALE MONTAGE/TELEPANORAMEN

Schrittweiten bei APS-Kameras mit Crop-Faktor 1,5–1,6

| Objektiv | Aufnahmen | Verdrehwinkel | Überlappung |
|---|---|---|---|
| 70 mm | 36 | 10° | 45 % |
| 80 mm | 36 | 10° | 38 % |
| 90 mm | 36 | 10° | 30 % |
| 100 mm | 36 | 10° | 22 % |
| 105 mm | 36 | 10° | 18 % |
| 135 mm | 72 | 5° | 48 % |
| 150 mm | 72 | 5° | 42 % |
| 180 mm | 72 | 5° | 30 % |
| 200 mm | 72 | 5° | 22 % |
| 210 mm | 72 | 5° | 18 % |

### HORIZONTALE MONTAGE/TELEPANORAMEN

Schrittweiten bei Vollformatkameras

| Objektiv | Aufnahmen | Verdrehwinkel | Überlappung |
|---|---|---|---|
| 70 mm | 18 | 20° | 31 % |
| 80 mm | 18 | 20° | 21 % |
| 90 mm | 24 | 15° | 34 % |
| 100 mm | 24 | 15° | 26 % |
| 105 mm | 24 | 15° | 23 % |
| 135 mm | 36 | 10° | 34 % |
| 150 mm | 36 | 10° | 37 % |
| 180 mm | 72 | 5° | 49 % |
| 200 mm | 72 | 5° | 39 % |
| 210 mm | 72 | 5° | 27 % |

## Persönlicher Spickzettel

Machen Sie sich einen ganz persönlichen Aufkleber mit den Werten, die Sie für Ihre Kamera und die verwendeten Objektive ausgetestet haben. Erstellen Sie sich eine Minitabelle und kleben Sie diesen Spickzettel in den Objektivdeckel oder an die Beine Ihres Stativs.

| Objektiv/f 8-16 | horizontal |
|---|---|
| 10–14 mm | 40° |
| 15–20 mm | 30° |
| 70 mm | 10° |
| 135 mm | 5° |
| **Nodalpunkt** | **cm** |
| 10–20 | 8,8 |
| 70 | 11 |
| 135 | 6,3 |

Diese Minitabelle dient ausschließlich für horizontale Panoramen

## Viel Weitblick bei Pixelrama

Wenn Sie mehr über die hier beschriebene Panoramatechnik wissen und viele faszinierende Bildbeispiele bewundern möchten, dann empfehle ich Ihnen, die gelungene Homepage von Jan Röpenack zu besuchen. Hier wird ausführlich und auf sehr anschauliche Weise die Praxis des Novoflex Panorama-VR-Systems erklärt.

`http://www.tshsoft.de/panoramastudio/index.html`

## Stitching-Software zum Herunterladen

`http://www.tshsoft.de/panoramastudio/index.html`

Foto: Almut Adler, Ort: Aguilas/Spanien, Belichtung: Brennweite: 13 mm, Blende: 14, Belichtungszeit: 1/80 Sek., ISO 100

Kapitel 4

# Die Perspektive

## Ansichtssache

Wenn Sie außergewöhnliche Fotos machen wollen, dann müssen Sie außergewöhnliche Positionen einnehmen. Andere Sehweisen können Sie sich nur durch Bewegung verschaffen, sie ist die Grundvoraussetzung zur Veränderung von Perspektiven – auch wenn die Bewegung z. B. aus einem fahrenden Auto geschieht. Legen Sie sich doch mal auf den Bauch, dann auf die Seite und schließlich auf den Rücken, um eine Wiese im Liegen zu betrachten, denn dadurch verändert sich das gesamte Umfeld. Bäume sehen aus einer erhöhten Position ungewohnt und somit interessanter aus. Machen Sie sich bewusst, dass die Perspektive ein elementares Gestaltungsmittel ist.

## Position beziehen

Durch veränderte Positionen entstehen unterschiedliche Perspektiven. Probieren Sie das Fotografieren in allen „Lebenslagen“. Sie werden erstaunt sein, wie durch Positionswechsel selbst bei durchschnittlichen Motiven eine ungewöhnliche Sehweise entsteht.

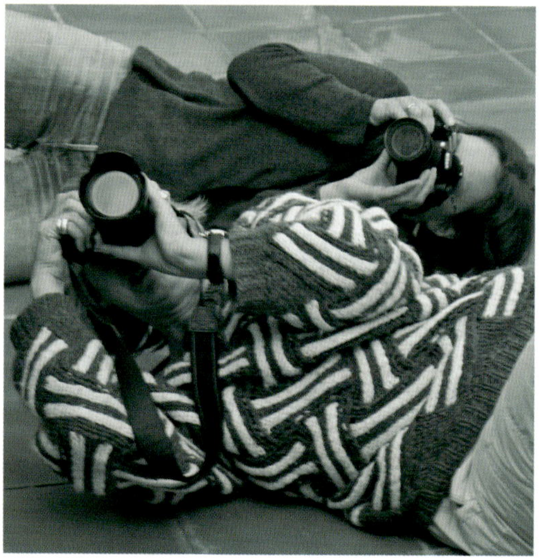

## Die Froschperspektive

### Der Blick nach oben

Aufnahmen aus der Froschperspektive vermitteln den Eindruck von Weite und Raumtiefe. Durch den zusätzlichen Einsatz eines Weitwinkelobjektivs (10–24 mm) oder gar Fisheye-Objektivs (8 mm) wird eine noch größere Schärfentiefe und noch mehr Raum erzeugt, wodurch Verlorenheit zum Ausdruck kommt. Mit einem Teleobjektiv würde diese Aufnahmeperspektive relativ wirkungslos ausfallen.

### Kein Quark

Die Froschperspektive ist das Gegenteil der Vogelperspektive. Hierbei entsteht ein Gefühl von Unterdrückung, wobei Bedrohung und Ängstlichkeit im Bildeindruck mitschwingen. Wird die Froschperspektive auf Personen angewandt, stellt sie eine Art Unerreichbarkeit zur Schau. Aufnahmen aus Vogelperspektiven können Sie im Liegen oder aus der Hocke machen, Hauptsache, Sie fotografieren von unten nach oben.

## Die Vogelperspektive

### Der Blick nach unten

Von oben herab haben Sie einen guten Überblick. Durch die Sicht nach unten entsteht perspektivische Abwechslung. In der Fotografie können Sie Ihren Standpunkt gar nicht oft genug wechseln. Achten Sie stets darauf, welche Nebenmotive Ihr Bild zeigt. Lenkt die Bank dort unten womöglich von Ihrem eigentlichen Motiv ab? „Und warum wähle ich gerade für dieses Motiv die Vogelperspektive?" Fragen Sie sich, ob die gewählte Perspektive Ihre Bildaussage verstärkt.

Der Blick des Esels auf den Schiffsanlegeplatz auf Thira/Santorin wird paradoxerweise zur Vogelperspektive.

## Flugübungen

Die Sicht von oben aus der Vogelperspektive verschafft Überblick und Weitsicht, die das Gefühl von Freiheit aufkommen lassen. Als Vogelperspektive werden Aufnahmen bezeichnet, die aus einem Blickwinkel entstehen, der oberhalb der normalen Augenhöhe liegt. Die Distanzen können dabei natürlich sehr unterschiedlich ausfallen.

Vogelperspektive: Aus einem Skilift heraus fotografierte ich die völlig zugeschneite Holzhütte. Erst die ungewöhnliche Perspektive macht das gewöhnliche Motiv zum interessanten Hingucker.

Ein Reisbauer nimmt Reis(s)aus. Diesen Mann auf Bali hatte ich mit meinem Teleobjektiv von oben im Visier und konnte ihn nur noch auf die Schnelle fotografieren.

Hier wird Weite vermittelt, weil weder Ufer noch Horizont die Sicht begrenzen. Dadurch wirken die zwei Fischer auf dem Atitlan-See in Guatemala wie verloren.

## Bodenkultur

Die Cutterin Patricia Rommel (2 deutsche Oscarfilme) entdeckte, dass jede Stadt ihre eigene Bodenlandschaft kreiert. Fasziniert ging sie der Sache auf den Grund und fotografierte in Zürich, Barcelona und Marseille die Schönheit urbaner Kanaldeckel.

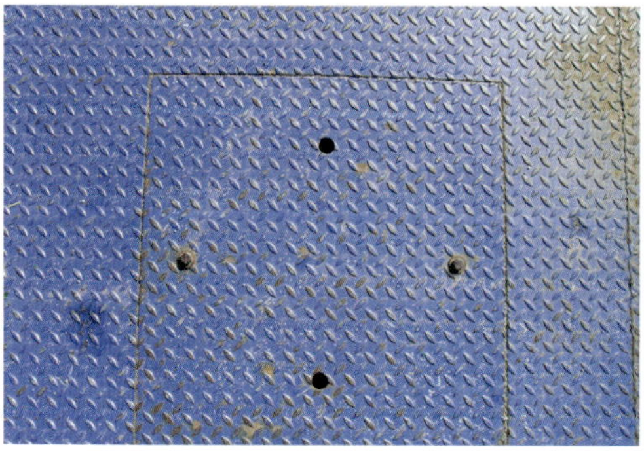

## Lichtraub

Bei Aufnahmen von oben ist es relativ egal, welche Blende Sie ab f 1:8 verwenden, da die Raumtiefe nicht weiter als bis zum Boden reicht – wie die Bodenlandschaften zeigen. Es wäre also völlig egal, ob Sie Blende 16 oder 22 verwenden. Sie können weder durch den Boden noch durch eine Wand fotografieren, um größere Tiefenschärfe zu erreichen. Eine geschlossenere Blende „raubt" nur unnötig Licht, und durch die dadurch entstehende längere Belichtungszeit könnte Ihre Aufnahme verwackeln.

Eine geschlossene Blende (22) hätte diesem Kanaldeckel unnötig Licht geraubt (1/60 Sek.) und die Aufnahme womöglich verwackelt (1:1-Formel). Die Tiefe des Deckels benötigt nicht mehr Tiefenschärfe als der versenkte Bereich mit dem Tau. Brennweite: 70 mm, Belichtungszeit: 1/500 Sek., Blende: 8, ISO: 400

Normalperspektive, Brennweite: 17 mm, Belichtungszeit: 1/250 Sek., Blende: 13, ISO: 200

## Die Normalperspektive

### Der Blick geradeaus

Das, was wir im Stehen sehen, wird als Normalperspektive bezeichnet. Das Motiv befindet sich auf Augenhöhe im Blick geradeaus. Die normale Sehweise eignet sich besonders gut, wenn Sie Landschaften und Naturmotive möglichst „originalgetreu" abbilden möchten. Fotografieren Sie doch mal einen See, indem Sie hüfttief mit der Kamera ins Wasser laufen. Um die Normalperspektive fantasievoller zu gestalten, müssen Sie Ihrer normalen Sichtweise auf die Sprünge helfen.

### Total normal

Bei der Normalperspektive sind Motiv und Betrachter gleichgestellt, d. h., beide befinden sich auf gleicher Höhe. Dadurch entsteht die Möglichkeit der Identifikation mit Ihrem Objekt. Aus der Normalperspektive werden etwa 80 Prozent aller Aufnahmen gemacht.

Foto: Almut Adler, Brennweite: 75 mm, Belichtungszeit: 1/4000 Sek., Blende: 4, ISO: 200

Kapitel 5

# Das Licht

## Wechselbeziehung

Licht und Zeit sind ein unzertrennliches Paar. Das Licht gibt der Kamera die Information, wie lange sie die „Klappe“ aufmachen muss. Somit stimmen sich Zeit und Licht in einem harmonischen Partnertausch miteinander ab. Egal wo Sie sich befinden und zu welcher Tageszeit Sie fotografieren, Licht ist die Basis der Fotografie, der sich die Zeit anpasst. Licht ist die Grundvoraussetzung für jede Ihrer Aufnahmen. Wann und wie das Licht auch “wandert“, als Fotograf/in „jagen“ Sie dem Licht hinterher – selbst in der Nacht.

## Das Morgenlicht

Farben, Konturen und Schatten zeichnet das Licht des frühen Morgens in zarte, pastellige Töne. Landschaften präsentieren sich wie weichgespült in fließenden Übergängen. Der Natur verleiht die Eigenart des Morgenlichts einen sanften Ausdruck.

Tagesanbruch auf der indonesischen Insel Lembongan. Belichtungswerte unbekannt (analog).

Aufgehende Sonne bei San Juan de los Terreros

## Das Mittagslicht

Die Mittagszeit wartet mit kräftiger Farbzeichnung und starken Kontrasten auf, und selbst ein unauffälliger Schatten schlägt dann erbarmungslos hart zu. Bei Naturaufnahmen wirkt das Licht dieser Tageszeit sehr hart und überzeichnend, während sanfte, natürliche Töne zurückgedrängt werden.

Ort: Aguilas, Brennweite: 24 mm, Blende: 1,1, Belichtungszeit: 1/200 Sek., ISO: 100

Bei dieser Schwarzweißaufnahme kommt das Mittagslicht sehr kontraststark zum Ausdruck, sodass die Leute am Strand von Mogadischu wie Strichmännchen wirken.

## Das Licht im Tagesablauf

Selbst ein farbloses Heizkraftwerk kann sich durch unterschiedliche Lichteinflüsse zu einem schmucken Goldpalast mausern.

## Das Abendlicht

Eine tief stehende Sonne eignet sich besonders für romantische Landschaftsaufnahmen und emotionale Naturfotos. Warme Rottöne überfluten jeden Farbkanal und lassen in allen Bildtönen eine Heile-Welt-Atmosphäre anklingen.

Ort: Mojácar/Spanien, Brennweite: 28 mm, Blende: 11, Belichtungszeit: 1/125 Sek., ISO: 200

Ort: Insel Koh Tao, Belichtungswerte unbekannt (analog).

Ort: L'Amelie/Frankreich, Brennweite: 17 mm, Blende: 6,3, Belichtungszeit: 1/320 Sek., ISO: 200

## Lichter der Nacht

Das Licht der Nacht müssen Sie sich als Fotograf/in erarbeiten. Schlechte Lichtverhältnisse erfordern lange Verschlusszeiten – darum benötigen Sie zwingend ein Stativ und einen Fernauslöser für verwacklungsfreie Aufnahmen. Mehr zum Thema finden Sie in Kapitel 6 „Die Nachtaufnahme“.

Brennweite: 92 mm, Blende: 9, Belichtungszeit: 8 Sek., ISO: 100/Stativ

Diese amerikanische Nacht fotografierte ich in Florida und setzte den Oldtimer im Vordergrund wirkungsvoll in Szene. Die Aufnahme entstand auf dem Stativ, die Belichtungswerte sind unbekannt (analog).

## Lichtspiele

Ob Seitenlicht, Gegenlicht oder Auflicht – jedes Licht bringt Ihr Motiv anders zur Geltung. Sie haben die Möglichkeit, das Licht seitlich auf Ihr Motiv zu lenken, es mit Auflicht in Szene zu setzen oder es im Gegenlicht besser zur Geltung zu bringen – Sie sind der Lichtgestalter Ihres Bildes.

Diffuses Licht überzieht das gesamte Bild mit einem gleichmäßigen, kontrastlosen Licht. Es gibt keine tiefen Schatten und keine Hochlichter in diesem Maisfeld. Der Kontrastumfang ist sehr gering.

## Das direkte Licht

Direktes Licht wird ohne Hindernisse von Ihrem Motiv in die Kamera gelenkt. Tonwerte zwischen Schatten und Licht ergeben harte Abstufungen. Der Kontrastumfang Ihrer Aufnahme ist dadurch sehr hoch. Durch Aufhellblitze mit aufgesetzten Diffusern oder mit Reflektoren können Sie ein Ausbrennen heller Stellen und ein „Absaufen“ dunkler Bildpartien verhindern.

Durch die tiefer stehende Nachmittagssonne erhalten die aufgestapelten Gerüstteile von der Fußball-Fanmeile vor dem Brandenburger Tor direktes Licht. Somit präsentiert sich Berlin mit mobiler Mauer. Brennweite: 85 mm, Zeit: 1/350 Sek., Blende: 22, ISO: 200

## Das indirekte Licht

Indirektes Licht ist umgeleitetes Licht und entsteht durch Reflexion auf hellen Flächen oder durch Fotoreflektoren. Im Gegensatz zum direkten Licht trifft es hier auf ein Hindernis und strahlt ab. Einfallwinkel und Helligkeitswiedergabe der Oberfläche bestimmen das reflektierte Licht, das sich oft abgesoftet und weich präsentiert – ähnlich wie diffuses Licht (siehe auch „Das diffuse Licht" S. 156 ).

Bei indirektem Licht wird ein Motiv farblich immer von der reflektierenden Fläche angeleuchtet – in diesem Fall nimmt der Himmel das Rot einer untergehenden Sonne an.

Obwohl das Licht direkt von oben kommt, wird der Gesamteindruck durch die lichtabsorbierende Wolkendecke getrübt und der See wirkt wie weichgezeichnet.

## Das Seitenlicht

Je tiefer die Sonne steht, desto länger wirft sie ihre Schatten. Das ist die ideale Ausgangsbasis für Bilder mit ausdrucksstarkem Seitenlichteffekt. Aber auch hier müssen Sie sich als Fotograf/in fragen, was Sie damit erreichen möchten. Macht ein langer Schatten für dieses Foto Sinn oder wirkt er sich eher störend aus? Für eine Landschaftsaufnahme kann sich Schattenbetonung unter Umständen vorteilhaft auswirken, weil schräg einfallendes Licht etwa auf einer Bergkette oder auch im Schnee Strukturen erzeugt, die dem Bild Dramatik verleihen – wie z. B. im unteren Bild.

Das Seitenlicht modelliert die Fußstapfen durch Schattenbildung sichtbar aus dem weißen Schnee heraus. Auflicht hätte diese Wirkung zunichtegemacht und eine nahezu weiße Fläche dargestellt.

## Das Auflicht

Um die Mittagszeit steht die Sonne im Zenit, sodass das Licht direkt von oben kommt. Dieser Sonnenstand ist sehr hilfreich, wenn Sie ein Motiv von oben herab fotografieren möchten. Bei Landschaftsaufnahmen kommt Auflicht nicht sehr häufig vor, etwa nur dann, wenn Sie vom Gebirge aus ins Tal blicken oder aus einem Fesselballon fotografieren. Aus nicht allzu großer Höhe wird eine Landschaft dabei hervorragend ausgeleuchtet.

## Experimentieren Sie mit Licht

- Machen Sie Fotos unter abwechslungsreichen Lichtbedingungen – im sanften Morgenlicht, im grellen Mittagslicht, bei rötlicher Abendsonne oder nachts.
- Machen Sie Fotos unter schlechten Lichtbedingungen – an bewölkten Tagen, im Nebel, bei Regen und im Schneegestöber.
- Experimentieren Sie mit eigenen Lichtquellen – bei Kerzenlicht, mit einer Stehlampe, mit einem Reflektor, mit Blitzlicht oder einem Stativ und langen Belichtungszeiten.

Die Oberflächen der Granitquader im Steinbruch zeigen unmissverständlich, dass zu dieser Tageszeit das Licht von oben kommt.

## Schattenseiten des Lichts

### Das Gegenlicht

Die stärksten Kontraste erzeugt frontales Gegenlicht. Es stellt Sie vor ein fotografisches Problem, denn irgendwelche Bildteile werden über- oder unterbelichtet sein. Das Ergebnis fällt oft enttäuschend aus, da wir nicht das erhalten, was unser Auge vor sich sieht. Die exakte Ausleuchtung Ihres Motivs erhalten Sie, indem Sie genau den Punkt mit dem Belichtungsmesser Ihrer Kamera (Spotmessung – •) anvisieren, den Sie richtig belichtet haben möchten. Liegt Ihr Motiv im Schatten, dann gehen Sie an Ihr Motiv heran und messen genau in den Schatten. Die sonst unterbelichteten Bereiche werden nun exakt belichtet. Die hellen Bereiche Ihres Bildes „reißen" jedoch aus, d. h., sie werden zu hell dargestellt.

Diese Fotos sind klassische Beispiele für Gegenlichtaufnahmen. Die untergehende Sonne zaubert einen wunderschönen Abendhimmel, vor dem sich die Silhouetten der Palmen fantastisch abheben. Nicht ganz so spektakulär zeigt sich der Himmel in der oberen Gegenlichtaufnahme.

## Keine Kompromisse

Die bessere Lösung für diesen Lichtkompromiss ist allerdings, wenn Sie die Bildqualität Ihrer Kamera auf RAW stellen. Denn nur in der digitalen Bildbearbeitung können Sie ein solches Lichtmalheur optimal ausgleichen. Selbst verblasste und ausgerissene Bildbereiche werden mithilfe von Belichtungs-, Tiefen- und Helligkeitsreglern ohne Qualitätsverlust wieder sichtbar gemacht.

## Leistungssteigerung

Durch einen Trick können Sie sogar mehr Zeichnung bei hohen Kontrasten in den weißesten Bildstellen erzielen: indem Sie zuerst per Selektivmessung die hellste Stelle Ihrer Aufnahme mit +2 überbelichten. Danach bearbeiten Sie Ihre Aufnahme im RAW-Konverter. Durch eine Belichtungskorrektur in die Plusbereiche der Helligkeit haben Sie nun eine sichtbare Zeichnungssteigerung erreicht. Ein oft auftretendes Phänomen bei Gegenlichtaufnahmen sind Linsenreflexionen. Diese kissenartigen Reflexe entstehen, wenn die Sonne in einem bestimmten Winkel auf die Objektivoberfläche trifft. Abhilfe schaffen Sie in diesem Fall mit einer Gegenlichtblende. Haben Sie keine Gegenlichtblende zur Hand, dann benutzen Sie Ihre Hand und schirmen das Objektiv vor der Sonne ab. Natürlich können Sie die Auswirkung der Reflexe auch bewusst als interessantes Stilmittel einsetzen. Reflexe entstehen häufig auch durch qualitativ minderwertige Objektive oder durch extremes Abblenden.

Sonnenstrahlen streiften die Objektivoberfläche und projizierten deutlich sichtbare sechseckige Reflexkissen links oben im Himmel.

## Mit Heiligenschein

Um direktes Sonnenlicht zu vermeiden, können Sie Ihr Motiv direkt vor die Sonne platzieren. Bedenken Sie jedoch, dass dadurch ein „Heiligenschein“ entsteht, d. h., es bildet sich ein heller Lichtsaum um Ihr Motiv. Die so entstandene Silhouette hebt die Form des Hundes auf der Schwarzweißaufnahme besonders hervor.
Möchten Sie die Sonne jedoch abbilden, so sollten Sie eine Überbelichtung in die Plusbereiche Ihrer Belichtungsskala vermeiden und 3 Blendenstufen in die Unterbelichtung (-) korrigieren. Experimentieren Sie auf jeden Fall mit den Minuswerten Ihrer Belichtungsskala herum.

## Das diffuse Licht

Zwei Stadtlandschaften, zwei Wirkungen: Dieses in Wolken gehüllte Heizkraftwerk ist ein Paradebeispiel dafür, wie sich diffuses Licht auswirkt. Das Fehlen von Farbnuancen verstärkt zusätzlich noch den Eindruck von Trostlosigkeit im Bild.

Eine dunstige Abendsonne taucht die Stadtlandschaft von San Francisco in ein kontrastarmes, aber harmonisch weiches Licht.

Auch wenn die Sonne nicht sichtbar ist, so scheint sie trotzdem oberhalb der Wolken. Achten Sie bei diffusem Licht ebenso auf Gegenlicht wie bei Sonnenschein – denn, wie gesagt, die Sonne ist da! Ein bewölkter Himmel sorgt für sanfte Übergänge vom Hellen ins Dunkle und erzeugt beinahe schattenlose Bilder mit schwachen Kontrasten. Weiches Licht umspielt das gesamte Motiv und eignet sich deshalb ausgezeichnet für einen „umweltfreundlichen" Landschaftscharakter.

Der bewölkte Himmel erzeugt weder Schatten noch Lichter. Das flaue Licht lässt trotz mediterraner Szenerie keine sonnigen Gefühle aufkommen. Ort: Gochar, Brennweite: 24 mm, Belichtungszeit: 1/200 Sek., Blende: 8, ISO: 200.

Zwei Landschafts-Nahaufnahmen, zwei Wirkungen: Hier wird sichtbar, wie Sie mithilfe eines Aufhellers auch die Bildstimmung aufhellen können. Die Rose wirkt trist und traurig, die „Speckblumen“ hingegen sehen freundlich aus.

In der Naturfotografie können Sie durch diffuses Licht bewusst melancholische Stimmungen erzeugen. Die Farben wirken stumpf und traurig, fehlendes Licht überzieht das gesamte Bild mit einem leichten Grauschleier.

Ebenso können Sie mit einem externen Blitzlicht und einem aufgesteckten Diffusor durch indirektes Beleuchten etwas Leben in Ihr Bild zaubern, ohne es „tot“ zu blitzen.

Eine Diffusorbox zum Aufstecken dient dazu, das Blitzlicht zu streuen und direkte Lichtreflexe zu vermeiden. Den gleichen Effekt erreichen Sie mit einer milchig-transparenten Folie. Auf preiswerte und schnelle Art können Sie einen Diffuser selbst basteln, indem Sie von einer milchig-weißen Plastiktüte eine Ecke abschneiden und Ihrem Blitzgerät ein Hütchen aufsetzen. Oder Sie kleben ein Stück Diffusionsfolie über Ihren Blitz.

## Die Kälte des warmen Lichts

Die richtige Farbtemperatur ist in der Fotografie wichtig, damit ein Motiv den korrekten Farben entspricht, d. h. den natürlichen Seheindruck vermittelt.

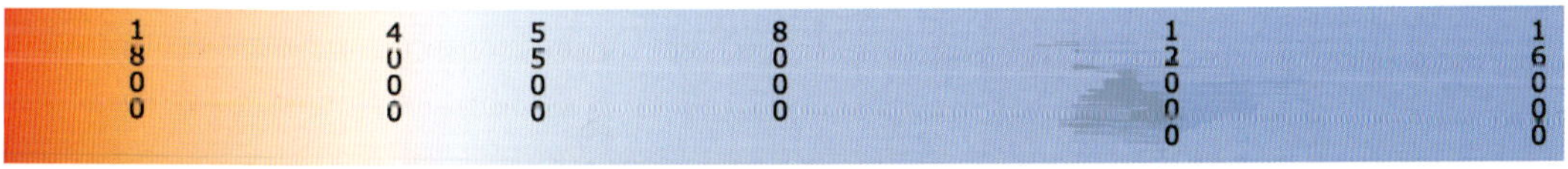


Je wärmer die Farbe, desto niedriger die Temperatur. Zahlenangaben in Kelvin

Die Temperatur des Lichts hängt von der Tageszeit ab. Der international festgelegte Normwert des Tageslichts liegt bei 5 500 Kelvin. Je niedriger die Temeratur, umso wärmer (rötlicher) erscheint das Licht.

| Tageszeit und Wetter | Farbtemperatur/Kelvin |
|---|---|
| Morgensonne, Abendsonne | 5 000 K |
| Vormittagssonne, Nachmittagssonne | 5 500 K |
| Mittagssonne | 5 500–5 800 K |
| Bedeckter Himmel | 6 500–7 500 K |
| Starker Dunst, Nebel | 7 500–8 500 K |
| Blauer Himmel im Schatten, kurz nach Sonnenuntergang und kurz vor Sonnenaufgang (Blaue Stunde) | 9 000–12 000 K |
| Klares blaues, nördliches Himmelslicht | 15 000–27 000 K |

## Wohl temperiert

Einen warmen Farbstich können Sie an Ihrer Digitalkamera ausgleichen, indem Sie entgegenwirken und die Kelvinzahl höher/kälter als 5 500 K einstellen, z. B. auf 9 000 K. Fotografieren Sie bei Kerzenlicht und möchten einen kühlen Blauton erhalten, so erhöhen Sie die Kelvinzahl im Kameramenü vorher auf 7 000 K. Möchten Sie jedoch den warmen Kerzenlichtcharakter erhalten, so verwenden Sie die unkorrigierte Normaleinstellung der Kamera, nämlich 5 500 Kelvin. Bei Farbexperimenten an Ihrer Kamera sollten Sie nicht vergessen, Ihre Einstellungen nach den Aufnahmen wieder zurückzusetzen. Weil Umstellungen leicht vergessen werden, ziehe ich es vor, meine Fotos am Computer zu bearbeiten.

Alles ist eine Frage des Geschmacks: Diese Aufnahme wurde etwas überzogen am Bildschirm korrigiert, einmal warm, einmal kalt.

## Automatischer Weißabgleich AWB

Die chromatische Adaption ist der automatische Weißabgleich des menschlichen Auges. Diese Fähigkeit ermöglicht uns, wechselnde Farbtemperaturen unseres Umgebungslichts kaum wahrzunehmen. Ein weißes Blatt Papier bleibt für uns ein weißes Blatt Papier, egal ob im Kunst-, Tages- oder Abendlicht betrachtet.

Ebenso arbeitet Ihre Digitalkamera mit dem automatischen Weißabgleich AWB. Zusätzlich gibt es an vielen Kameras die AWB-Ausgleichsfunktionen wie Tageslicht, Schatten, Dämmerung, Kunstlicht, manuell und Farbtemperatur. Diese Einstellungen haben verschiedene Farbtemperaturen (siehe Kelvintabelle), die sich auf Ihren Bildern unterschiedlich auswirken. Stellen Sie an Ihrer Kamera den vollautomatischen Weißabgleich ein und suchen Sie sich eine weiß erscheinende Fläche. Das kann jedoch zur Folge haben, dass ein Farbstich entsteht. Ein vollautomatischer Weißabgleich kann zum Beispiel versagen, wenn Sie Aufnahmen mit Kunstlicht machen oder in der Dämmerung fotografieren.

Für einen nachträglichen Weißabgleich sollten Sie Ihre Aufnahmen unbedingt im RAW-Format abspeichern, das sind die unkomprimierten Rohdaten. Beim Abspeichern im JPEG-Format würden Sie deutliche Qualitätseinbußen hinnehmen müssen.

## Weißabgleichsreihen

Neben der Belichtungsreihe bieten gute Kameras auch die Funktion für Weißabgleichsreihen. Diese Technik funktioniert ähnlich wie eine Belichtungsreihe. Vom selben Motiv werden 3 bis 4 Aufnahmen mit verschiedenen Einstellungen für den Weißabgleich erstellt.

## Falscher Weißabgleich

Wenn Sie Ihrer Kamera für den Abgleich anstatt neutrales Weiß ein Gelb, Blau oder Rot geben, so verschiebt sich die Farbbalance Ihrer Aufnahme ins Unnatürliche. Dadurch können Sie interessante Verfremdungseffekte erzielen. Diese Farbeffekte lassen sich natürlich ebenso am Bildschirm gestalten und alles ist eine Frage des Geschmacks. Manche Fotografen möchten warme Hauttöne in der Abendsonne ins Neutrale korrigieren, andere hingegen finden es gerade so perfekt.

Brennweite: 200 mm, Belichtungszeit: 1/500 Sek., Blende: 7,1, ISO: 200

Foto: Almut Adler, Ort: Mojácar/Spanien, Brennweite: 73 mm, Belichtungszeit: 30 Sek./Stativ, Blende: 8, ISO: 100

Kapitel 6

# Die Nacht-aufnahme

## Licht ins Dunkel bringen

Nachtaufnahmen erfordern das Fotografieren mit langen Zeiten. Je nach Lichtverhältnissen müssen Sie die Aufnahmen von einigen Sekunden bis hin zu einigen Minuten belichten. Eine gute Nachtaufnahme erfordert viel Geduld – und vor allem ein Stativ sowie einen Fernauslöser. In diesem Metier ist fotografisches Experimentieren unerlässlich, um Licht ins Dunkel zu bringen. In der Nacht erbeutet der Fotograf sein Motiv mit Licht, wie die Spinne ihre Beute im Netz.

Ort: Mojácar/Spanien, Brennweite: 43 mm, Blende: 4,5, Belichtungszeit: 1/80 Sek., ISO: 400

## Blau machen

Die Zeit der Blauen Stunde „schlägt“ dem Fotografen in der Zeit der Dämmerung nach Sonnenuntergang, bevor die nächtliche Dunkelheit eintritt – oder auch kurz vor Sonnenaufgang. Der erhöhte Blauanteil des Himmels entsteht durch das kurzwellige Streulicht in der Atmosphäre. Im Gegensatz zu Nachtaufnahmen ist in dieser Zeit die Umgebung noch leicht erhellt und das Licht wirkt kontrastmindernd. Unterschiedliche Farbtemperaturen verleihen Fotos der Blauen Stunde eine ungewöhnlich intensive Leuchtkraft. Dieses Phänomen können Sie jedoch nur bei schönem Wetter im Bild festhalten, denn Regenwolken oder Nebel lassen den wundervollen Blaueffekt nicht zu.

Um „blau zu machen“, sollten Sie sich für Ihre Aufnahmen nicht allzu viel Zeit lassen. Erfahrungsgemäß dauert die Blaue Stunde in Mitteleuropa etwa 30 bis 50 Minuten, in den Tropen jedoch nur maximal 20 Minuten. Danach beginnen die Stunden der langen Belichtungszeit – der Nachaufnahme.

Ort: Mojácar, Brennweite: 70 mm, Blende: 11, Belichtungszeit: 1/30 Sek., ISO: 200, Stativ

Das andalusische Bergdorf Mojácar in der Blauen Stunde aus der Nähe betrachtet.
Brennweite: 24 mm, Blende: 16, Belichtungszeit: 2/5 Sek., ISO: 400

Die Blaue Stunde in Schwarzweiß auf einem Stativ fotografiert. Brennweite: 85 mm, Blende: 7,1, Belichtungszeit: 16/5 Sek., ISO: 400

## Nachtlichttauglich

Denken Sie etwa, nur Tageslicht ist tauglich für gute Aufnahmen? Dann entdecken Sie die Schönheit des Lichts in der Dunkelheit! Die Nacht hat ebenso viele Motive wie der Tag. Wenn das Licht nicht mehr mitspielt, müssen Sie sich als Fotograf/in etwas einfallen lassen. Um Nachtaufnahmen optimal einzufangen, sollten Sie unbedingt eine Belichtungsreihe erstellen. Mit etwas Übung gewinnen Sie schon bald das richtige Gefühl für Langzeitbelichtungen, denn die Belichtungsmesser der meisten Digitalkameras steigen bei 30 Sekunden aus. Mit der Langzeiteinstellung bulb (früher B) kommen Sie um Lichtexperimente nicht herum. Sie müssen sich in der Nacht gewissermaßen „herumdrücken", um die ideale Aufnahmezeit zu ermitteln. In den Kreativprogrammen M, Av, und Tv finden Sie diese Einstellung für die Langzeitbelichtung. Auf Ihrem Bilddisplay können Sie nach Ihrer Aufnahme kontrollieren, ob Sie mit der eingeschätzten Belichtungszeit richtig lagen.

Im Gegensatz zur Blauen Stunde am Abend fehlt der Blauen Stunde des Morgens hier die intensive Leuchtkraft des Himmels.

Ort: El Largo/Spanien, Brennweite: 32 mm, Blende: 13, Belichtungszeit: 8 Sek., ISO: 200

## Nicht erschüttern lassen

Faszinierende Nachtaufnahmen lassen sich am besten dort machen, wo das Lichtleben tobt – in der Fußgängerzone oder einem Verkehrsknotenpunkt der Innenstadt. Auch Volksfeste und Konzerte sind ideale Orte, um mit Bewegung und Licht zu experimentieren. Für Nachtaufnahmen benötigen Sie unbedingt ein Stativ, um auch statische, sich nicht bewegende Elemente verwacklungsfrei darzustellen – wenn es so gewünscht ist. Natürlich können Sie sich auch eine Behelfsstütze suchen, z. B. Autodächer, Mauerkanten, Tische oder Stühle. Dass sich mit solchen "Stativen" Ihre Kamera nicht richtig justieren, kippen oder hochkant stellen lässt, dürfte klar sein. Der Vorteil eines Fotostativs liegt in der Ruhigstellung der Kamera und in den flexiblen Einstellungsmöglichkeiten. Eine schöne Abendstimmung kann völlig ruiniert werden, wenn Sie diese Szene mit Blitzlicht fotografieren. Deshalb ist es wichtig, die Langzeitbelichtung bulb (B) in Kombination mit einem Stativ einzusetzen. Doch selbst auf einem Stativ besteht die Gefahr der Verwacklung. Nämlich dann, wenn Sie den Auslöser 20 Sekunden gedrückt halten – dann wird Ihre Belichtung mit Sicherheit eine Zitterpartie. Für erschütterungsfreie Aufnahmen sollten Sie unbedingt einen Draht- oder Fernauslöser verwenden. Um ganz sicher eine erschütterungsfreie Aufnahme zu erhalten, können Sie zusätzlich die Spiegelvorauslösung Ihrer Kamera benutzen.

Ort: Granada, Brennweite: 28 mm, Belichtungszeit: 1/20 Sek., Blende: 5,6, ISO: 1600

Diese Nachtaufnahme wurde mit einer kleinen Kompaktkamera im Vorbeigehen aus der Hand geschossen. Das Faszinierende an diesem Bild sind seine überzogenen und leuchtenden Farben.

## Dorfschönheit

Diese Nachtaufnahmen-Experimente eines spanischen Dorfes zeigen die Auswirkungen von Lichtverhältnissen, Farbe und Schwarzweißbelichtung.

1. Stellen Sie sich an einen belebten Ort oder eine Straße und suchen Sie Ihren Bildausschnitt.
2. Setzen Sie Ihre Kamera aufs Stativ und fokussieren Sie Ihr Hauptmotiv.
3. Überlegen Sie sich, wie Ihr Bild aussehen soll. Möchten Sie eine große Tiefenschärfe oder soll nur Ihr anvisiertes Motiv scharf werden?
4. Wählen Sie danach Ihre Blende und Ihren endgültigen Bildausschnitt im Hoch- oder Querformat. Benutzen Sie einen Fernauslöser und machen Sie das erste Foto – eventuell mit Spiegelvorauslösung.
5. Testen Sie Aufnahmen mit unterschiedlichen Belichtungszeiten. Bei ausreichend langer Belichtung hinterlassen entgegenkommende Autos weiße Lichtspuren, davonfahrende Autos ziehen rote Lichtstreifen durch die Nacht. Haben Sie zudem einen beleuchteten Hintergrund gewählt, so werden Sie sicher interessante Aufnahmen erhalten.

**Faustregel**

Nachtaufnahmen mit „langen" Lichtern entstehen mit langen Belichtungszeiten.

## Straßenstriche

Die Lichter verraten, was sich auf der Straße ereignet hat. Ein Polizeiauto raste mit Blaulicht vorbei (Bild 1), ein hell erleuchteter Stadtbus zog seine hohe Lichtspur (Bild 2), ein wegfahrendes Auto markierte seinen Weg mit roten Schlangenlinien (Bild 3), ein Fußgänger zeigte sich deutlich bewegt (Bild 4) und ein abbiegendes Auto brachte Form in seine Lichtspur (Bild 5). Alle Aufnahmen wurden auf dem Stativ, jedoch ohne Fernauslöser gemacht.

## Ansichten einer Stadt

Beide Nachtaufnahmen wurden von verschiedenen Standpunkten und zu unterschiedlichen Zeiten gemacht. Das obere Foto zeigt das andalusische Bergdorf Mojácar zur abendlichen Blauen Stunde, das untere zeigt das Dorf bei tiefer Nacht

Ort: Mojácar, Brennweite: 70 mm, Blende: 11, Zeit: 1/30 Sek., ISO: 200, Stativ

Ort: Mojácar, Brennweite: 70 mm, Blende: 11, Zeit: 1/30 Sek., ISO: 200, Stativ

## Zoomtown

Besonders lebhaft wirkt ein Motiv wie das Bergdorf Mojácar, wenn es während einer Langzeitbelichtung herangezoomt wird.

Brennweite: 85 mm gezoomt, Belichtungszeit: 13/1 Sek., Blende: 14, ISO: 200

## Das Bildrauschen

### Lichtgewinnung

Unzureichende Lichtverhältnisse stellen für Digitalfotografen heute kein großes Problem mehr dar. Mit dem Erhöhen der ISO-Zahl von 100 auf 200, 400, 800, 1600 oder gar 3200 ISO ist die Dunkelheit zwar nicht mehr zu fürchten, aber dieser Lichtgewinn (pushen) ist eine zweischneidige Sache. Die Manipulation hat den Nachteil, dass Ihre Aufnahmen den bekannten Rauscheffekt aufweisen, d. h., dass eine grobkörnige Pixelstruktur Ihr Bild überlagert. Auch Kontrast und Schärfe leiden unter der Einstellung einer hohen ISO-Zahl. Doch die Programme Photoshop CS3 und Photoshop Elements bieten Möglichkeiten einer digitalen Nachbearbeitung. Ebenso sind mittlerweile Programme wie Akvis Noise Buster, Noise Ninja, Neat Image oder Grain Surgery für die gezielte Rauschunterdrückung auf dem Markt, mit denen Sie das bekannte „Nachtrauschen“ sehr gut in den Griff bekommen.

Die Gäste dieses Nachtcafés sind mit der Belichtungszeit von ¼ Sekunde relativ scharf, weil sie sich nicht bewegten. Der Ober ist durch seine Bewegung zwischen den Gästen kaum zu erkennen und löst sich beinahe auf. Ort: Rovinj/Kroatien, Brennweite: 17 mm, Blende: 4,5, Zeit: ¼ Sek., ISO: 1600

Die normale Lichtempfindlichkeit beträgt 100 bis 200 ISO. Je niedriger der ISO-Wert eingestellt ist, desto glatter und schärfer erscheint Ihre Aufnahme. Bei höher eingestellten ISO-Werten steht Ihnen mehr Licht zur Verfügung. Ob in der Nacht oder bei grauem Regenwetter, nutzen Sie das Pushen als hilfreiche Möglichkeit, um mit Ihrer Belichtungszeit nicht im "Keller" zu landen.

**Faustregel**

Die Verdopplung der ISO-Zahl ist auch die Verdopplung der Belichtungszeit.

Ein Push-Effekt hat zusätzlich den Vorteil, dass Sie Ihren ISO-Wert für jedes einzelne Foto verstellen können. Entweder auf 200, 800 oder als Extremeinstellung „H“ sogar bis auf 3200 ISO. Diese technische Errungenschaft ist für Digitalfotografen ein wahrer „Lichtsegen”, denn es muss nicht mehr der gesamte Film gepusht werden. Jeder nächsthöher eingestellte ISO-Wert bedeutet die doppelte Lichtmenge. Oder anders herum, wenn Sie von 800 ISO auf 400 ISO heruntergehen, dann steht Ihnen nur noch halb so viel Licht zur Verfügung (siehe Tabelle). An älteren analogen Kameras wurde die Filmempfindlichkeit mit ASA bzw. DIN bezeichnet – die frühere Lichtbezeichnung DIN leitet sich vom Deutschen Institut für Normung ab.

| ISO | ASA | DIN |
|---|---|---|
| 6 | 6 | 9 |
| 12 | 12 | 12 |
| 25 | 25 | 15 |
| 50 | 50 | 18 |
| 100 | 100 | 21 |
| 200 | 200 | 24 |
| 400 | 400 | 27 |
| 800 | 800 | 30 |
| 1600 | 1600 | 33 |
| 3200 | 3200 | 33 |
| 6400 | 6400 | 39 |

## Rauschwirkung

Mit jeder Belichtungsverlängerung erwärmt sich der Bildsensor einer digitalen Kamera und umso stärker steht er unter Spannung. Diese Spannung wächst bei einer hohen ISO-Einstellung stärker als bei geringerer ISO-Zahl. Das Rauschen zeigt sich als feine Pixelabweichungen, die sich über Ihr gesamtes Bild legen. Dunklere Bildteile sind stärker davon betroffen als hellere Bildpartien.

Ein ähnlicher Effekt tritt übrigens auf, wenn Sie Ihr Foto stark unterbelichten. Möchten Sie diese Aufnahmen in Photoshop aufhellen, wird der grobe Rauscheffekt durch die Korrektur am Bildschirm noch deutlicher sichtbar. Mit speziellen Filtern und Rauschunterdrückungsprogrammen können Sie diesem Problem den Garaus machen (siehe oben „Lichtgewinnung).

## Ak(k)ute Störung

Eine andere unschöne Bildstruktur können Aufnahmen erhalten, wenn Sie mit einem fast leeren Akku fotografieren und mit Ihrer Kamera lange durch die Kälte spaziert sind. Diese Störung macht sich dann in Form einer Struktur mit senkrechten Streifen bemerkbar – vornehmlich in dunklen Bildteilen (siehe Kapitel 1, „Pyjamaeffekt“, S. 83). Am einfachsten vermeiden Sie diesen Effekt durch den Austausch mit einem geladenen Akku.

Diese spanische Kleinstadt wirkt in der Nacht wie ausgestorben. Reflexionen in Wasserpfützen, auf Zebrastreifen und der Straße verleihen dieser Aufnahme Leben. Ort: unbekannt, Brennweite: 24 mm, Belichtungszeit: 1/100 Sek., Blende: 2,8, ISO: 800.

**Tipp**
Sie können auch eine Alufolie verwenden, um auf simple Art Motive besser auszuleuchten.

## Das Blitzlicht

Dass Blitzlichter kein Tageslicht ersetzen, dürfte klar sein. Die meisten Kameras besitzen mit dem kamerainternen Blitz ein „Notblitzlicht" auf dem Prismadach. Externe, aufsteckbare Blitzlichtgeräte schaffen da schon mehr. Ihre Ausleuchtung umfasst, je nach Leitzahl (LZ) des Blitzes, einen wesentlich größeren Bereich. Die Leitzahl ist ein Maß für Helligkeit und Reichweite eines Blitzgeräts. Je höher die Leitzahl, desto weiter reicht die Ausleuchtung des Blitzes. Um rote Augen und Lichtreflexe zu vermeiden, sollten Sie indirekt blitzen, d. h., Sie richten den Blitz zum Auslösen z. B. nach oben an die Zimmerdecke.

Die Beschichtung der Faltreflektoren ist meist Gold oder Silber. Je nach Tönung und Bedarf reflektieren sie warmes oder kaltes Licht.

### Unnatürlich(t)

Arbeiten Sie mit Kunstlicht, dann müssen Sie sich als Naturfotograf/in im Klaren darüber sein, dass Ihre Aufnahmen auch irgendwie unnatürlich wirken. Mit Kunstlicht meine ich in diesem Fall ein Blitzlicht, da Sie wohl kaum mit Studiolampen durch Wald und Flur laufen werden.

Das Natürliche verliert durch Blitzen seine Wirkung, bekommt etwas Starres und Farbfremdes. Um diesem künstlichen Charakter entgegenzuwirken, verwenden Sie einen Diffusor oder lenken das Licht mit einem faltbaren Reflektor um. Damit lässt sich Ihr Motiv, je nach Seite des Reflektors, wärmer oder kälter beleuchten. Mit der Goldseite des Reflektors erscheint das Licht warm, mit der Silberseite erzeugen Sie kaltes Licht. Zudem erhalten Sie weichere Schatten. Im Ergebnis werden Ihre Motive natürlicher aussehen, als wenn sie angeblitzt werden.

In der Makrofotografie wird für die gleichmäßige Ausleuchtung ein Ringblitz verwendet, der um das Objektiv gesetzt wird.

Reflektoren, erhältlich mit einem Durchmesser von 40 bis 80 cm, passen zusammengefaltet in jede Fototasche.

**Tipp**
Kleben Sie vor Ihr externes Blitzlicht oder Ihren Kamerablitz eine weiße Folie oder eine dünne Lage Papiertaschentuch. Das vermeidet harte Blitzschatten, „zerstreut" das Licht und softet es ab.

Brennweite: 70 mm, Belichtungszeit: 1/250 Sek., Blende: 7,1, ISO: 800.

Foto: Jan Röpenack, Brennweite: 28 mm mit Novoflex EOS Umkehrring, Belichtungszeit: 1/200 Sek. aus freier Hand. Kamera: EOS 5 (Vollformat), Abbildungsmaßstab 2,5 : 1

Kapitel 7

# Die Nah- und Makroaufnahme

## Der Sache auf den Grund gehen

Pflanzen, Blumen, Blüten oder Insekten fotografieren Sie am besten formatfüllend und aus nächster Nähe. Kleine und zarte Blüten könnten sich sonst auf Ihrem Bild verlieren. Besitzen Sie kein Makroobjektiv, dann verwenden Sie für Nahaufnahmen die Makroeinstellung (Blumenmotiv) am Moduswahlrad Ihrer Kamera. Damit können Sie Ihre Aufnahmedistanz etwas verringern und das Motiv noch näher heranholen.

## Spurensuche

Möchten Sie Ihren Naturmotiven näher kommen, dann fotografieren Sie Natürliches doch einmal abstrakter und betrachten Ihre Motive im detaillierten Ausschnitt. Stellen Sie sich ein Thema und versuchen Sie, es so stringent wie möglich umzusetzen – in diesem Fall hätten Sie sich das Thema „Spuren in einer Landschaft" zur Aufgabe gemacht.

## Lichtmalerei

Fotografierte Spiegelungen wirken wie abstrakte Gemälde und gestalten sich in den Aufnahmen, als seien sie mit einem „Lichtpinsel“ gemalt.

Je näher Sie Ihr Motiv anvisieren, desto mehr verleiht die Struktur ihrem Bild Ausdruck und desto weniger müssen Sie auf den Bildaufbau achten. Brennweite: 50 mm, Belichtungszeit: 1/500 Sek., Blende: 5,6, ISO: 100.

## Die Makroaufnahme

### Aus der Mücke einen Elefanten machen

Ein Makroobjektiv hat den Vorteil, dass Sie Ihr Motiv noch näher heranholen können, je nachdem, welche Brennweite Sie verwenden. Fotografieren im Nahbereich öffnet Ihnen die Augen, Sie entdecken die Faszination der Vergrößerung – eine Welt der Farben, Muster und Strukturen. Das Makroobjektiv ermöglicht Ihnen Abbildungen aus allernächster Nähe, denn die Brennweiten mit 50 mm, 60 mm, 100 mm oder 105 mm sind speziell für kurze Aufnahmeabstände konzipiert. Sie erreichen Abbildungsmaßstäbe zwischen 1 : 1 (Originalgröße), 1 : 2 (halbe Größe) oder aber 2 : 1 (doppelte Größe). Je größer die Brennweite, desto weiter können Sie sich von Ihrem Motiv entfernen, um es nah heranzuholen. Je kleiner die Brennweite, desto näher müssen Sie Ihrem Motiv auf die Pelle rücken, um es groß abzubilden. Das könnte bei manchen Tierarten eine Fluchtreaktion auslösen.

Diesem Käfer rückte ich mit einem Makroobjektiv in der Schnelle auf die Pelle. Auf leisen Staubpantoffeln ergriff er dann vor mir die Flucht.

### Makroobjektive

Unterschiedliche Brennweiten wirken sich auf den Mindestabstand zu Ihrem Motiv aus. Bei einem 50-mm-Makroobjektiv müssen Sie beispielsweise einen Abstand von 23 cm zum Objekt einhalten, bei einem 100-mm-Makroobjektiv 31cm und bei einem 180-mm-Makroobjektiv 48 cm. Der größere Abstand ermöglicht Ihnen beim Fotografieren von Insekten mehr Spielraum (Fluchtdistanz) – auch in der Beleuchtung, wenn Sie z. B. mit Blitzgeräten/Ringblitz arbeiten.

**Mediterrane Schönheit**
Mediterrane Pflanzen wirken aus der Nähe noch exotischer und farbenkräftiger als aus der Ferne betrachtet.

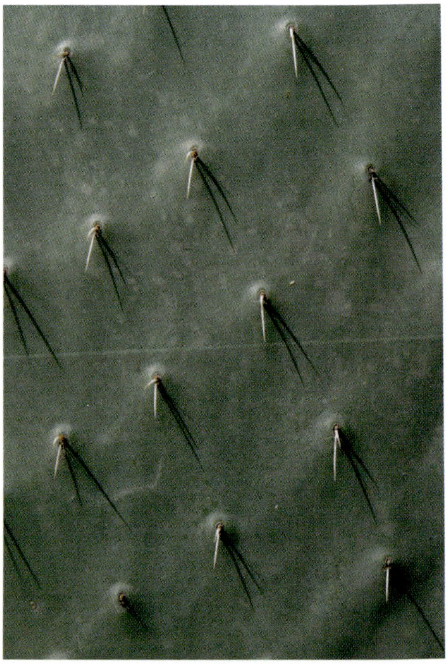

## Nähe durch mehr Abstand

Ein preiswerter Kompromiss zu einem Makroobjektiv sind Zwischenringe/Makroringe. Sie werden zwischen Kameragehäuse und Objektiv gesetzt. Der größere Abstand ermöglicht Ihnen, näher ans Motiv heranzugehen. Ihrem Objektiv wird quasi eine Brille aufgesetzt, die wie eine Lupe wirkt. Nachteil dieser günstigen und durchaus qualitativ guten Lösung ist der Lichtverlust – ähnlich wie beim Konverter/Extender.

Makrofotografie bedeutet, dass Sie immer mit geringer Schärfentiefe zu tun haben werden. Folglich sollten Sie stark abblenden, um ein Maximum an Schärfentiefe zu erzielen. Arbeiten Sie mit natürlichem Licht, so ergeben sich oft lange Belichtungszeiten. Ein stabiles Stativ und ein unbewegliches Motiv sind die Voraussetzungen für verwacklungsfreie Aufnahmen.

**Tipp**

Ein Geheimtipp für Naturfotografen sind der Canon Achromat 500D (2 Dioptrin) und der 250D (4 Dioptrin).

## Zwischenlösung

Zwischenringe vergrößern den Abstand zwischen Objektiv und Sensor. Ebenso wie beim Einsatz einer Nahlinse kann dadurch zwar nicht mehr auf unendlich fokussiert werden, dafür verringert sich aber die Naheinstellgrenze – je nach Brennweite. Im Weitwinkelbereich ergeben bereits kleinste Auszugsverlängerungen einen enormen Vergrößerungsgewinn. Deshalb sind hier Zwischenringe mit geringer Höhe (8–12 mm) empfehlenswert. Da sich dieser Effekt im Telebereich immer weiter verringert, empfehle ich Ihnen längere Zwischenringe, z. B. mit 25 mm.

## Verkehrt herum

Möchten Sie kleine Dinge größer als in natura abbilden, (über 1 : 1), so verwenden Sie z. B. den Novoflex Umkehrring EOS-Retro. Bei dieser Lösung wird ein „normales“ Objektiv verkehrt herum an die Kamera montiert. Je geringer die Brennweite, desto höher ist Ihr erzielbarer Abbildungsmaßstab. Mit einem 28-mm-Objektiv lässt sich beispielsweise eine Vergrößerung von 2,8 : 1 erzielen (mit Vollformat-Sensor).

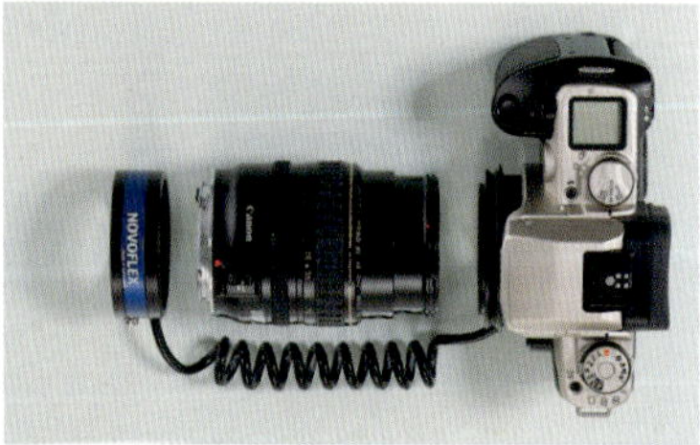

## Balgerei

Balgenauszüge werden zwischen Kamera und Objektiv gesetzt. Sie sind unhandlich und schwer, aber sie ermöglichen Aufnahmen mit einem noch größeren Abbildungsmaßstab. Wegen ihres langen Auszugs und den damit verbundenen langen Belichtungszeiten werden Ihnen scharfe Aufnahmen kaum aus freier Hand gelingen.

## Blitzgescheit

Verwacklungs- und Bewegungsunschärfen können Sie im Makrobereich nur mit Stativ, Fernauslöser und Blitzlicht vermeiden. Da die Zeit moderner Kompaktblitzgeräte im Bereich um die 1/1000 Sekunden liegt, kann das Motiv auch bei geschlossener Blende eingefroren und eine große Tiefenschärfe erzielt werden – selbst bei Aufnahmen aus der freien Hand. Die TTL-Steuerung des Blitzes regelt hierbei Ihre Belichtung. Auf ein Stativ können Sie bei dieser Methode sogar verzichten. Indem Sie sich Ihrem Motiv nähern, bestimmen Sie durch Vorfokussieren Ihren Abbildungsmaßstab.

Bei Blitzgeräten kommt entweder ein spezieller Makro-Ringblitz oder das Makro-Twinlight in Frage.

Eine schwergewichtige Möglichkeit bestünde darin, zwei herkömmliche Kompaktblitze zu verwenden, die mittels Blitzhalters seitlich darauf positioniert werden. Blitzhalter wie jene der Marke Novoflex bieten Ihnen die Möglichkeit einer sehr plastischen Ausleuchtung und geben Ihrem Motiv die gewünschte Natürlichkeit.

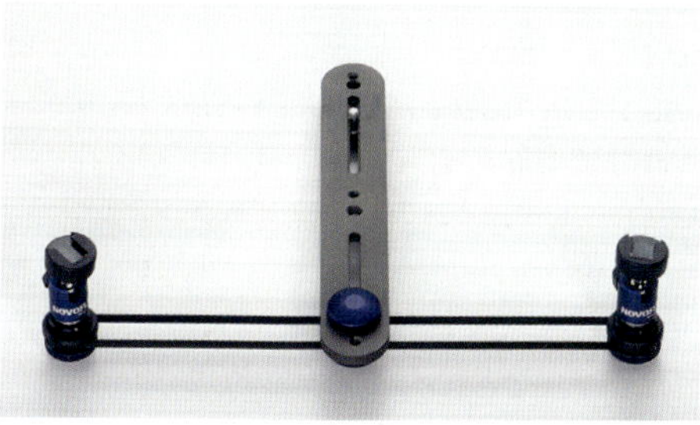

Foto: Almut Adler, Ort: Aguilas/Spanien, Belichtung: Brennweite: 13 mm, Blende: 14, Belichtungszeit: 1/80 Sek., ISO: 100

Kapitel 8

# Die Ausrüstung

## Was benötige ich?

Die Ausrüstung eines Naturfotografen ist ein (ge)wichtiger Punkt – Sie sollten dafür gerüstet sein. Je nachdem, wie ernsthaft Sie die Naturfotografie betreiben, desto umfangreicher kann Ihre Ausrüstung ausfallen und wiegen. In diesem Fall rate ich Ihnen zu einem Fotorucksack. Die Last verteilt sich auf Ihrem Rücken und sorgt für mehr Tragekomfort. Nachteil: Die Bedienerfreundlichkeit Ihrer Ausrüstung wird eingeschränkt – Sie sind nicht so schnell am Drücker.

## Ausrüstung für die Naturfotografie

Fotorucksack oder Fototasche

Kamera und Objektive

14–24 mm

24–70 mm

70–200 mm

60 mm Makro

Konverter
1,4- oder 2-fach

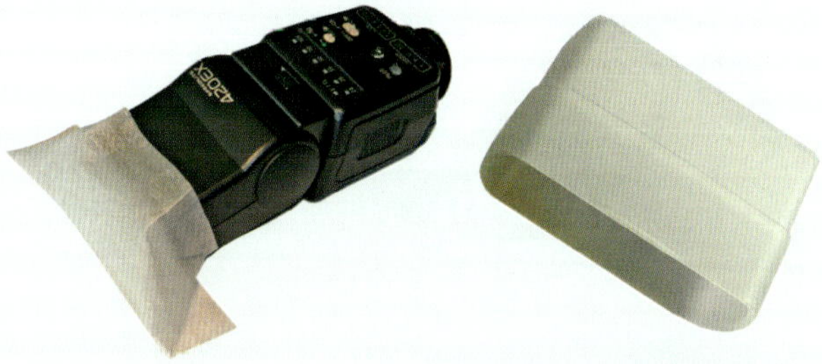

Blitzlicht + Softbox (oder Folie)

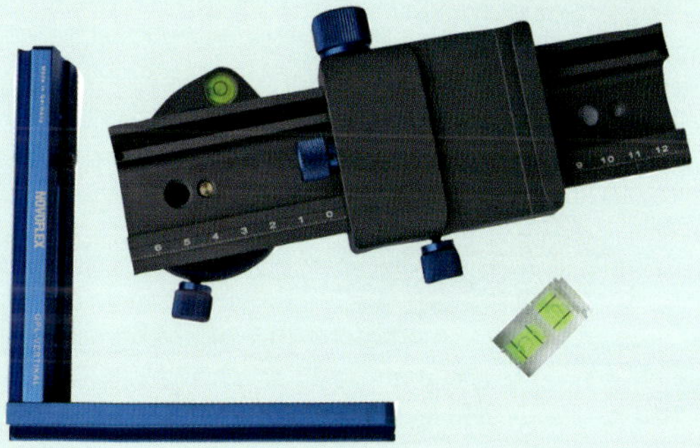


Panoramakopf wie z. B. Novoflex-VR-System o. Ä.

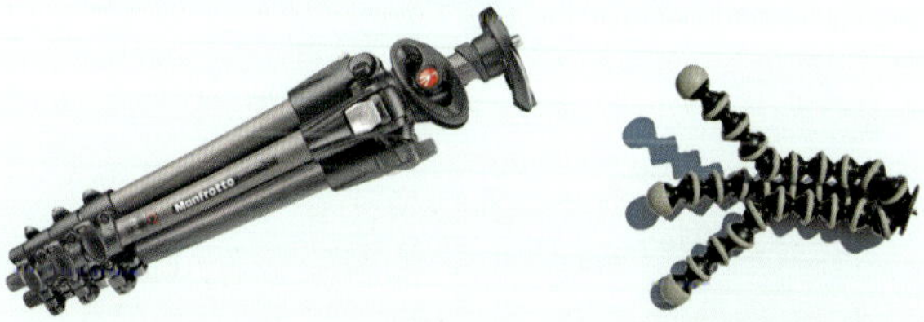


Stabiles Stativ mit Kugelkopf
Ministativ

Polarisationsfilter

Sonnenblende

| | |
|---|---|
| Fernauslöser, Funkauslöser |  |
| Ersatzakku |  |
| Speicherchips und<br>Speicheretui/-box |  |
| Blasebalg<br>Microfasertuch |  |
| Stitching-Software z. B. PTGui<br>oder Panoramastudio (Novoflex) |  |

## Magere Chips

Wenn Sie einen großen Bildappetit haben, dann rate ich Ihnen lieber zu ein paar kleineren Speicherchips mit 1 bis 2 GByte, als einen Bigchip mit 4 GByte oder 8 GByte zu füttern. Denn sollte Ihnen ein solcher „Brocken" verloren gehen oder defekt sein, so ist der Verlust mit „nur" 76 RAW-Bildern eher zu verschmerzen als die vierfache Anzahl unwiederbringlicher Fotos.

In puncto Schnelligkeit und Qualität haben die Marken *Kingston* und *ScanDisc* die Nase vorn. Die „schnellsten" Chips sind die *Scan Disc Extreme III*. Sie übertragen Daten mit rasanter Geschwindigkeit auf Ihren Rechner. Bester Aufbewahrungsort eines Speicherchips außerhalb der Kamera ist ein stoß- und bruchsicheres und eventuell wasserdichtes Etui (Foto). Ist ein Chip erst einmal angeschlagen, dann verweigert er seinen Dienst. Sicherheitshalber sollten Sie zwei bis drei Chips dabeihaben.

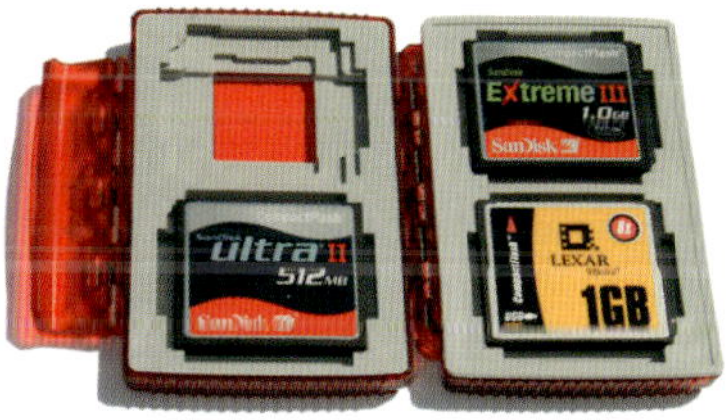

| Objektivarten | Brennweiten | Anwendungen |
|---|---|---|
| Fisheye  | 8 mm<br>10 mm<br>Festbrennweite | Für extreme Panoramaaufnahmen |
| Weitwinkelzoom  | 10–22 mm<br>14–24-mm-Weitwinkelzoom | Geeignet für Innenaufnahmen und Landschaftsfotografie, sehr große Tiefenschärfe |
| Normalobjektiv  | 50 mm<br>Festbrennweite | Entspricht dem Bildwinkel des menschlichen Auges, mittlere Tiefenschärfe |
| Leichtes Telezoom  | 24–105 mm<br>55–200-mm-Telezoom | Beste Brennweite für Porträtaufnahmen, geringe Tiefenschärfe |
| Mittleres Telezoom  | 28-300 mm<br>Telezoom | Holt weit entfernte Motive näher heran, sehr geringe Tiefenschärfe |
| Fernobjektiv 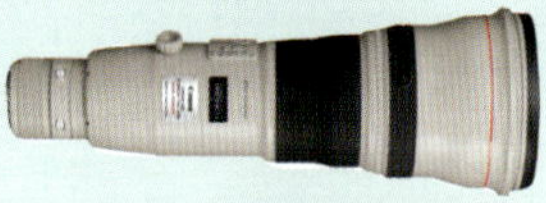 | 800 mm<br>Festbrennweite | Holt sehr weit entfernte Motive sehr nah heran, extrem geringe Tiefenschärfe |
| Starkes Telezoomobjektiv  | 80–400 mm | Deckt die gängigen Brennweiten im Telebereich ab, meist mit variabler Blende 1:4–5,6 |
| Makroobjektiv  | 50 mm, 60 mm. 100 mm<br>Festbrennweite | Für Nahaufnahmen, von Pflanzen, Insekten und Details |
| Konverter/Extender  | 1,4x = 1 Blende Lichtverlust<br>2x = 2 Blenden Lichtverlust | Verlängert die Brennweite um das 1,4- oder 2-Fache |
| Objektive mit Bildstabilisator (IS, VR, OS) 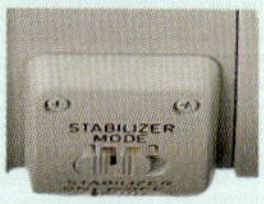  | Schalter an diversen Objektiven | Gleicht leichte Bewegung aus, verlängert die Belichtung um 2–3 Blenden |

## Festbrennweiten

### Fisheye-Objektiv

Bei einem Fisheye wird besonders auf die extreme Tonnenverzeichnung Wert gelegt, da sie als Verfremdungseffekt dienen soll. Fisheyes gibt es in zwei Ausführungen: solche, die das Bildformat noch vollständig ausfüllen (Vollformat = 14–16 mm), und das zirkulare Fisheye (= 8 mm), das ein Bild bei 180 Grad zum Kreis verbiegt. Sie eignen sich hervorragend für Serienbilder zur Erzeugung von Kugelpanoramen (siehe Kapitel 3).

### Weitwinkelobjektiv

Weitwinkelobjektive sind besonders für Innenaufnahmen und in beengten Verhältnissen geeignet. Die Perspektive wirkt dabei unnatürlich verzerrt, weil sie einen größeren Ausschnitt erfassen. Vorteile eines Weitwinkelobjektivs sind eine große Lichtstärke und die weite Tiefenschärfe. Zu Verwacklungen kommt es mit diesem Objektiv nur bei sehr langen Belichtungszeiten.

### Normalobjektiv

Normalobjektive erzielen eine Bildwiedergabe, die der natürlichen Wahrnehmung eines Menschen entspricht. Diese Objektive besitzen meistens eine hohe Lichtstärke und eignen sich deshalb besonders gut für Aufnahmen bei schlechten Lichtverhältnissen. Die Tiefenschärfe ist bei einem Normalobjektiv noch relativ hoch.

### Teleobjektiv

Teleobjektive sind ideal für Aufnahmen von weit entfernten Gegenständen. Wie mit einem Fernglas wird das Motiv herangeholt. Diese Annäherung wäre mit kurzen Brennweiten nicht möglich. Nachteil: schwer, unhandlich und eine erhöhte Verwacklungsgefahr. Die Lichtstärke ist zumeist schwach und die Tiefenschärfe sehr gering.

### Fernobjektiv

Objektive ab 400 mm bezeichnet man als Fernobjektive. Verwacklungsfreie Aufnahmen aus freier Hand sind mit diesen Objektiven nur bei sonnigen Lichtverhältnissen machbar. Lichtstärke und Tiefenschärfe sind noch geringer als bei einem „normalen" Teleobjektiv.

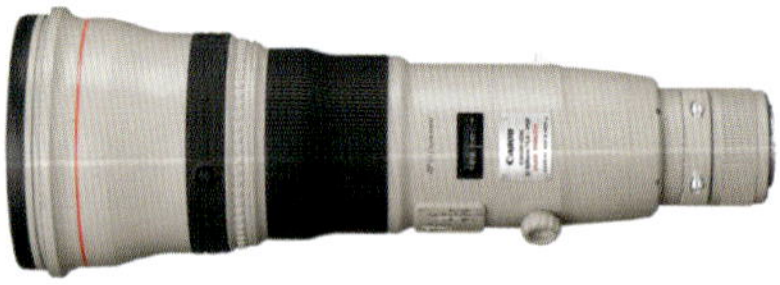

### Extremes Fernobjektiv

Fernobjektive mit 800 bis 1200 mm Brennweite erfordern das Fotografieren auf einem Stativ. Zudem ist die Lichtstärke an diesem Langobjektiv äußerst schwach. Tiefenschärfe und Bildwinkel verringern sich auf einen minimalen Bereich.

### Makroobjektiv

Das Makroobjektiv wird bei besonders geringem Objektabstand eingesetzt, um dadurch einen großen Abbildungsmaßstab wie 1 : 2 oder 1 : 1 (Originalgröße) zu erzielen. Wie durch eine Lupe können Sie Objekte bis ins Detail beobachten und fotografieren.

### Heimliche Helfer

Bildstabilisatoren befinden sich als bewegliche Linsenelemente im Objektiv und gleichen leichte Bewegungen aus. So können mit relativ langen Verschlusszeiten noch verwacklungsfreie Aufnahmen gemacht werden. Mit einem Bildstabilisator stehen Ihnen 2 bis 4 Belichtungsstufen mehr zur Verfügung.

Die Kurzbezeichnung für Bildstabilisatoren sind je nach Hersteller verschieden.

| Kürzel | Bezeichnung | Hersteller |
|---|---|---|
| **IS** | Image Stabilizer | Canon |
| **VR** | Vibration Reduction | Nikon |
| **OS** | Optical Stabilizer | Sigma |
| **VC** | Vibration Compensation | Tamron |
| **OIS** | Optical Image Stabilizer | Panasonic |

## Das Stativ

Für den Natur- und Landschaftsfotografen ist ein Stativ so unentbehrlich wie für den Landwirt der Traktor.

Ratsam ist die Anschaffung eines Stativs, das nicht über 3 kg wiegt, sonst wird das Mitnehmen zum Mitschleppen. Dennoch ist das ideale Stativ variabel und robust. Achten Sie darauf, dass die Beine stabil sind und einen guten Stand haben. Zudem benötigen Sie einen flexiblen Kugelkopf, der auf das Gewinde Ihres Stativs aufgeschraubt wird.

### Kopf mit Köpfchen

Der Kugelkopf ermöglicht Schwenkbewegungen in alle Richtungen – im Hoch- und im Querformat. Meine Empfehlung: Kugelköpfe der Firma *Manfrotto* oder von *Novoflex der Magic Ball*. Der Kugelkopf Magic Ball hat wirklich Köpfchen und ist sehr schnell und problemlos zu bedienen – für mich die erste Wahl der Kugelköpfe. Leider ist er  nicht ganz preiswert.

Eine separate, zum Kugelkopf dazugehörende Schnellwechselplatte ermöglicht das Arbeiten mit mehreren Kameras gleichzeitig ohne umständliches Wechselschrauben.

### Lange Beine

Zudem sollte Ihr Stativ seine Beine möglichst lang „strecken" können und eine ausziehbare Mittelsäule besitzen. Je nach Typ kann sie Ihr Stativ um ca. 40 bis 50 cm verlängern bzw. erhöhen.

Die Verstellsysteme der Beinarretierung werden entweder mit einem Schraubauszug oder mit dem schnelleren Klappauszug verlängert. Probieren Sie aus, welche Art Ihnen sympathischer ist.

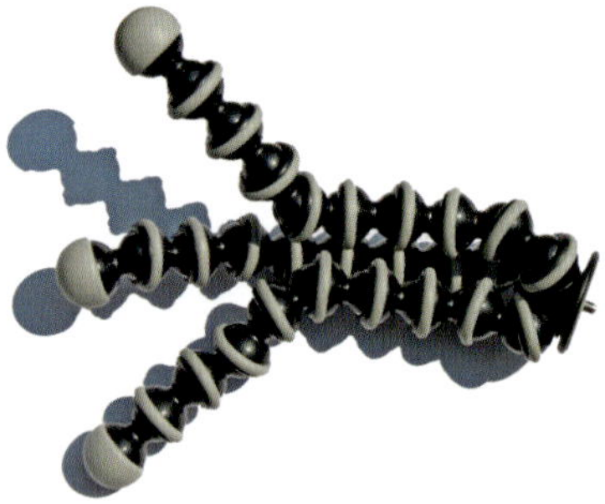

### Klammeraffe

Das Ministativ ist eine Nothilfe für die Jackentasche. Für ambitionierte Naturfotografen ist solch ein Zwerg nicht die Ideallösung, aber dennoch eine akzeptable Alternative. Zum Beispiel bei Nachtaufnahmen, wenn Sie Ihr großes Stativ nicht mitnehmen möchten. Ihr Objektiv darf allerdings nicht zu schwer sein, ein Teleobjektiv wird Ihnen vorne überkippen. Hilfreich ist z. B. das große Klammerstativ „Jobi Gorillapod", das sogar am Ast eines Baumes auslösebereit hängen kann.

## Fotografische Filter

Das Angebot an Filtern ist groß und für meinen Geschmack eher eine Spielerei. Grob unterteile ich Filter in zwei Kategorien: wichtige Filter und unwichtige Filter. Zur letzteren Gattung gehören „Effektfilter" wie Gitterfilter, Punktlinse, Nebelfilter, Splitlinsen, Farbverlaufsfilter u. v. a. Wie der Name schon sagt, sind diese Filter reine Effekthascher. Für die Farbfotografie verwende ich nur einen Polarisationsfilter. Die Filterpalette können Sie nach Belieben erweitern. Für einen wirkungsvollen Einsatz in der Schwarzweißfotografie empfehle ich zwei Filterfarben – den Rot- und den Grünfilter. Sie haben die Eigenschaft, die Komplementärfarben dunkel und die Eigenfarbe je nach Farbschattierung hell bis weiß darzustellen.

### Rotfilter

Steigerung vom Orange-Rotfilter. Besonders gut geeignet, um dramatische Wolkenbilder zu fotografieren. Das Blau des Himmels erscheint dramatisch dunkel, dadurch heben sich weiße und graue Wolken besser ab. Der Kontrast des Gesamtbildes wird gesteigert. Grüntöne (Komplementärfarbe) erscheinen dunkel. LW = 3.

### Grünfilter

Sehr gut sind Grünfilter in der Porträtfotografie geeignet, da sie Hauttönen einen leicht „braunen" Teint verleihen. Auch für Außenaufnahmen mit vielen Grünflächen ist der

Einsatz sinnvoll. Die Grüntöne werden differenzierter und heller wiedergegeben, die Farbe Rot (Komplementärfarbe) dunkler. LW = 1,5.

**Tipp**

Filterfans können sich mit einer Bestellung bei HELIOPAN kostenlos das Filterbuch mitschicken lassen.

## Polarisationsfilter/Polfilter

Es gibt zwei Sorten von Polfiltern, den linearen und den zirkularen Polfilter. Für Spiegelreflexkameras mit Innenmessung und Autofokus benötigen Sie einen zirkularen Polfilter. Mit dem linearen Polfilter könnten Sie Fehlmessungen hervorrufen.

Zirkulare Polarisationsfilter bestehen aus zwei sich drehenden Glaselementen, einem monochromatischen blau-grau eingefärbten Farbfilter und dem eigentlichen farblosen Polarisationsfilter. Durch Drehen der vorderen Filterfassung vor dem Objektiv können Sie die Farbdichte stufenlos variieren und Reflexe ausschalten. Durch den Sucher sehen Sie, wann der gewünschte Effekt erreicht ist. LW = 1–1,5.

### Reingefiltert

Der Polarisationsfilter bewirkt die Ausschaltung aller nichtmetallischen Reflexe. Zudem erzeugt er eine Vertiefung der Farben und eine Kontraststeigerung. Für dramatische Wolkenbildung in der Farbfotografie wird das Blau verstärkt. Die Wolken erscheinen weißer und differenzierter, ähnlich wie beim Rotfilter in der Schwarzweißfotografie.

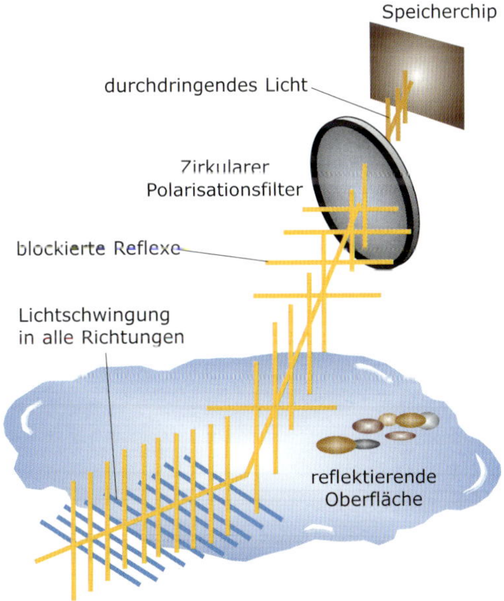


Licht trifft auf eine Wasseroberfläche und wird von ihr reflektiert. Der Polarisationsfilter neutralisiert die Reflexe und lässt die Kieselsteine durch das Wasser schimmern.

Besonders schön kommt der Effekt des Polfilters zur Wirkung, wenn Sie sich beispielsweise in einem Boot über einem Korallenriff befinden oder an einem tropischen Strand sitzen. Durch Drehungen des Polfilters kann der Blick “ungetrübt” durch das reflektierende Wasser gleiten.

Der Einsatz des Polfilters zeigt deutlich, wie die Spiegelung auf der Wasseroberfläche durch die richtige Drehung des Filters ausgeschaltet werden kann. Der Blick gleitet nun förmlich durchs Wasser.

## Wolkenversteher

Strahlender Sonnenschein erhöht den Effekt des Polarisationsfilters. Durch Drehen am vorderen Filterring erreichen Sie bei Landschaftsaufnahmen mit weißer Wolkenbildung farbvolle Stimmungsbilder. Durch das Abdunkeln des Himmels und das Hervortreten der Wolken ergeben sich dramatische „Luftgebilde“. Hierbei sollten Sie darauf achten, den Polfilter nicht zu sehr in den Dunkelbereich zu drehen, da Landschaftsaufnahmen sonst schnell unnatürlich wirken können. Dieser Überdrehungseffekt wird „Überpolen“ genannt. Bei bewölktem Himmel zeigt der Polfilter keinerlei Wirkung.

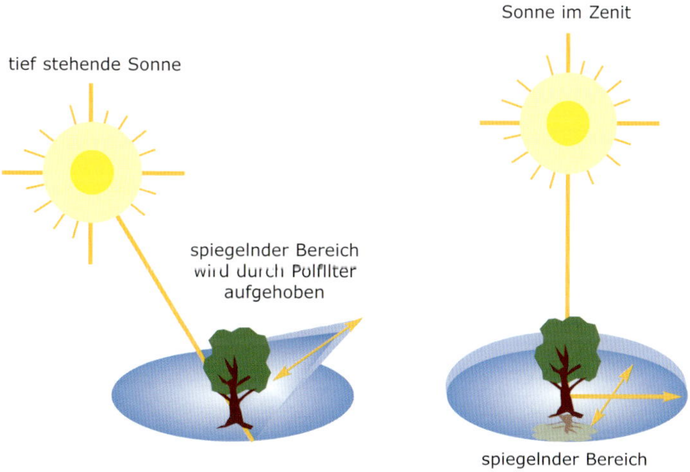


Diese zwei Grafiken veranschaulichen deutlich, wie sich der Polarisationseffekt beim Stand der Sonne verändert. Der optimale Effekt wird bei schräg einfallendem Licht erzeugt.

Foto: Almut Adler, Ort: Santorin/Griechenland, Belichtungswerte nicht aufgezeichnet (analog)

Kapitel 9

# Aktivseiten

## Manuelles

Die Winkelschablonen auf der übernächsten Seite dienen dazu, von Aufsichtsvorlagen eigener oder fremder Fotos neue Bildausschnitte zu bestimmen. Das schärft Ihren Blick für die Bildgestaltung zukünftiger Aufnahmen. Um sich selbst einen Satz Winkelschablonen herzustellen, benötigen Sie nur eine Schere. Schneiden Sie die zwei schwarzen Winkel auf Seite 213 aus Ihrem Buch und bestimmen Sie damit neue Ausschnitte der ganzseitigen Bildvorlage von Seite 215 Mit Ihren eigenen Fotos können Sie natürlich ebenso verfahren, um interessante neue Bildausschnitte zu suchen. Ebenso werden Ihnen vier (von unzähligen) Verfremdungseffekte gezeigt, die Sie aktiv am Computer mit eigenen Fotos nachvollziehen können. Mit dem Fotoquiz auf Seite 220 testen Sie Ihr Fachwissen, die Antworten finden Sie auf Seite 235.

## Winkelschablonen zum Ausschneiden

### Anleitung

1. Trennen Sie die Seite mit den Winkelschablonen an der perforierten Linie aus Ihrem Buch oder schneiden Sie aus einem schwarzen separaten Karton eine gleiche Form aus.
2. Schneiden Sie mit einer Schere oder einem Cutter an den gestrichelten Linien die zwei schwarzen Winkel aus. Der weiße Innenteil entfällt.
3. Nun schieben Sie beide Winkelschablonen auf dem Vorlagenfoto der nächsten Seite herum und suchen sich neue Bildausschnitte im Hoch- und Querformat.
4. Wählen Sie in etwa die Proportionen vom Seitenverhältnis eines Kleinbildformats oder Fotoabzugs (siehe Rückseite des entfallenen Innenteils).

**Tipp**
Wenn Sie Ihre Winkelschablonen nicht aus dem Buch schneiden möchten, können Sie ebenso gut einen schwarzen Din-A4-Karton verwenden.

Diese Übung ist besonders gut geeignet, um Ihr Auge zu schulen. Wenden Sie diese Technik auch bei Ihren eigenen Fotoabzügen an. Je mehr Sie probieren, umso routinierter wird Ihr Blick für den Bildausschnitt Ihrer späteren Aufnahmen!

Sie werden verblüfft sein, wie viele Bildausschnitte sich in Ihrem Foto "verbergen". Diese Übung ist vergleichbar mit der Einstellung an einem Zoomobjektiv, weil Sie genauso die Bildausschnitte variieren können.

Bedenken Sie das Format! Das Seitenverhältnis vom Bildausschnitt sollte proportionsmäßig immer wie ein Kleinbildformat sein – oder wie ein Fotoabzug. Weder zu lang noch quadratisch noch zu hoch.

### Andere Verhältnisse

Unter dem Begriff Seitenverhältnis versteht man das Verhältnis von Breite und Höhe zueinander. Zahlenmäßig beginnt es am Anfang immer mit der kleineren Zahl, z. B. 24 x 30 cm, oder dem Kleinbildformat von 24 x 36 mm. Ein bekanntes Seitenverhältnis ist auch der Goldene Schnitt mit dem exakten Verhältnis 1 : 1,618 (siehe Kapitel 3.5 „Der Goldene Schnitt").

| Verhältnis-Beispiele | |
|---|---|
| Goldener Schnitt | 1 : 1,618 |
| 24 x 36 Kleinbildformat | 1 : 1,5 |
| Neuere DSLR-Kameras | 2 : 3 |
| Viele Kompaktkameras | 3 : 4 |
| 4,4 x 6 kleinstes Mittelformat | 1 : 1,333 |
| 6 x 6 Mittelformat | 1 : 1 |

## Der Ausschnitt gestaltet das Bild

Haben Sie Ihre zwei Winkelschablonen ausgeschnitten, so legen Sie diese Winkel auf das rechte Schwarzweiß-Foto und bestimmen damit neue Bildausschnitte im Hoch- und im Querformat(siehe Fotobeispiele).

Diese Übung ist besonders gut geeignet, um Ihr Auge zu schulen. Am besten wenden Sie diese Technik auch mit den eigenen Fotoabzügen an.

Je mehr Sie mit den Winkelschablonen probieren, um so routinierter wird Ihr Blick und um so gelungener fallen Ihre späteren Aufnahmen aus.

Bedenken Sie dabei das Format! Der Bildausschnitt sollte, die Proportion betreffend, immer wie ein Kleinbildformat sein – oder wie ein Fotoabzug. Weder zu lang, noch quadratisch oder zu hoch, wie die durchkreuzten Beispiele zeigen.

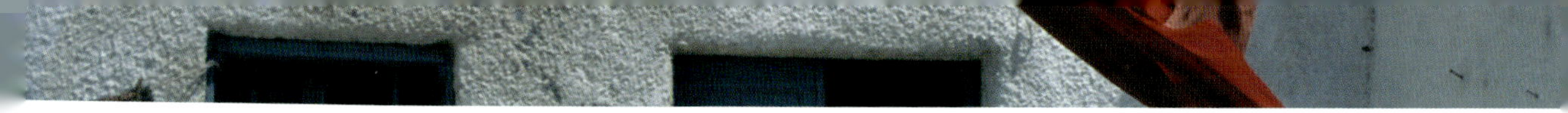



## Schwarzweißmalerei

### Farblos schön

Viele, leider nicht alle Kameras haben in ihrem Menü die Möglichkeit der Farbumstellung auf Schwarzweißfotos (bei Canon z. B. unter Menü/Parameter/s/w) – manche sogar mit Filterfunktion. Diese Einstellungen bieten sich natürlich an, fantastische Experimente im Schwarzweißmodus zu machen. Probieren Sie einmal den Rotfilter aus, um berauschende Stimmungen herauszuarbeiten – vorausgesetzt, es ist eine entsprechende Wolkenformation vorhanden. Der Rotfilter (siehe Seite ??) unterdrückt die Eigenfarbe (Rot) und bildet sie weiß ab, die Komplementärfarbe (Grün) erscheint nun dunkelgrau bis schwarz, je nach Grünanteil. Ein tiefes Himmelblau erscheint deshalb auch wesentlich dunkler und lässt dadurch die weißen Wolken stärker hervorkommen.

Dieser Vorgang hat natürlich noch nichts mit Bildbearbeitung zu tun, sondern ist nur ein wunderbares Untermenü Ihrer Kamera – falls vorhanden.

### Bildgestaltung am Computer

Sollten Sie diese Schwarzweiß-Umstellungsmöglichkeit an Ihrer Kamera nicht haben, so können Sie das Gleiche in „Grün" auch mit einem Bildbearbeitungsprogramm am Rechner erzielen.

So komme ich zu guter Letzt doch noch dazu, Ihnen „Zaubereien" mit der Bildbearbeitung zu demonstrieren – jedenfalls solche, die das Original nicht allzu sehr verfremden. Wandeln Sie Ihre Farbaufnahme einfach in Grautöne oder in ein Duplexbild (Schwarzweiß mit variablem Farbcharakter) um. Zudem können Sie im RGB-Modus unter vielen Filtern und Techniken wählen, wie Sie Ihre Aufnahme umgesetzt haben möchten.

# Verwandlungen mit Photoshop CS

## Das Schwarzweißbild

Das unbearbeitete Originalfoto kennen Sie ja bereits vom Titel dieses Buches.

Um Ihr Bild vom RGB- oder CMYK-Modus in den Graustufenmodus zu konvertieren, wählen Sie in der oberen Menüleiste *Bild/Modus/Graustufen*. Gehen Sie dann auf *Bild/Anpassen/Tiefen und Lichter*. Unter *Tiefen und Lichter* können Sie die Helligkeitsabstufungen und Gradationen einstellen und fertig ist Ihr Schwarzweißbild.

## Das Duplexbild

Möchten Sie von Ihrem Original ein Duplex erstellen (s/w-Bild mit einem Farbton), wählen Sie in der oberen Menüleiste *Bild/Anpassen/Graustufen*. Dann gehen Sie zurück in die obere Menüleiste und klicken auf *Bild/Modus RGB* oder *CMYK* (für den Druck). Danach klicken Sie auf *Bild/Anpassen/Farbbalance* oder auch *Farbton/Sättigung*.

An den Farbreglern Cyan, Magenta und Gelb können Sie nun Ihren gewünschten Duplexton zusammenmischen.

**Tipp**

In Photoshop CS3 gibt es auch einen direkten Weg zum Graustufenbild über „Bild/Anpassen/Schwarzweiß" und zum Duplexbild durch einen zusätzlichen Klick auf die Option „Farbton".

## Kunst- und Malfilter

In der oberen Menüleiste sind die Kunst- und Malfilter zu finden, mit denen Sie die vielfältigsten Effekte ausprobieren können. Hier zeige ich nur zwei von unzähligen Möglichkeiten.

Der abgespeckte und kostengünstige „Bruder" von *Photoshop CS* ist *Photoshop Elements*. Die Menüpunkte sind beinahe identisch, Sie finden sich in diesem Programm schneller zurecht als in dem umfangreichen Profiprogramm Photoshop CS, dessen Vielfältigkeit Sie kaum ausschöpfen werden.

Der Duplex Charakter verleiht dem farbenfrohen Original die kühle Stimmung treibender Eisberge am Polarkreis.

Spielen Sie doch einmal Künstler und malen Sie sich Ihren Kreidefelsen auf Rügen selbst!

Durch unzählige Kunst- und Malfilter können Sie die Kreidefelsen mit Pinseln aquarellieren, mit Buntstiften schraffieren, mit Ölfarben klecksen, mit Kohlestiften schwarz malen oder bleich kreide.

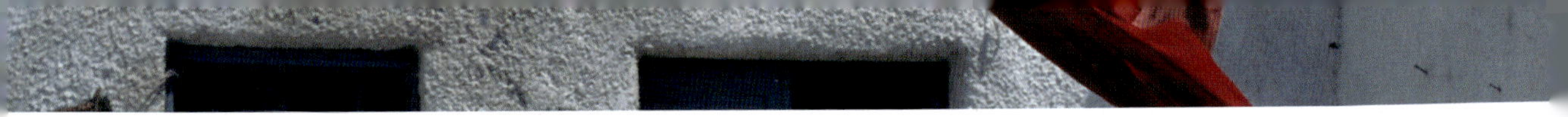



## Fotoquiz der Naturfotografie

Testen Sie Ihr Fotowissen. Die Auflösung finden Sie auf Seite ???.

| | | | | | |
|---|---|---|---|---|---|
| 1 | Was besagt die Kameraeinstellung bulb oder B (analog)? | | | | |
| 2 | Was ist eine Vignettierung? | | | | |
| 3 | Was macht der Schalter M am Objektivring? | | | | |
| 4 | Was ist der Nodalpunkt? | | | | |
| 5 | Welches Objektiv hat die größte Tiefenschärfe? | 17 mm ☐ | 50 mm ☐ | 85 mm ☐ | 300 mm ☐ |
| 6 | Was sagt der Wert f 1:16? | | | | |
| 7 | Was besagen die Zahlen 17~85 mm? | | | | |
| 8 | Wählen Sie die geringste verwacklungsfreie Zeit eines 24-mm-Weitwinkelobjektivs | 1/30 S. ☐ | 1/60 S. ☐ | 1/250 S. ☐ | 1/500 S. ☐ |
| 9 | Was ist der Unterschied zwischen ASA und ISO? | | | | |
| 10 | Was bewirkt der Modus Tv oder S? | | | | |
| 11 | Was bedeutet Zeitautomatik? | | | | |
| 12 | Es gibt zwei Arten von Polfiltern, welche? | | | | |
| 13 | Blende mit größtem Lichteinfall? | f 2,8 ☐ | f 5,6 ☐ | f 11 ☐ | f 22 ☐ |
| 14 | Wo verwende ich einen Rotfilter? | | | | |
| 15 | Wie entstehen kissenförmige Reflexe im Bild? | | | | |
| 16 | Wie wirkt sich eine Überbelichtung aus? | | | | |
| 17 | Objektiv mit dem geringsten Bildwinkel? | 17 mm ☐ | 50 mm ☐ | 105 mm ☐ | 300 mm ☐ |

Foto: Almut Adler, Ort: Aguilas/Spanien, Belichtungswerte nicht aufgezeichnet (analog)

# Anhang

Glossar

Fotoworkshops

Bücher

Quizauflösung

Notizen

Stichwortverzeichnis

## Glossar

**Abblenden.** Durch Abblenden wird eine größere Tiefenschärfe erreicht und die Lichtmenge durch die Verkleinerung der Blendenöffnung reduziert.

**Abblendtaste.** An vielen Kameras befindet sich eine Abblendtaste, die dazu dient, den Schärfentiefebereich der Blendeneinstellungen zu kontrollieren.

**ASA.** American Standards Association. Eine Maßeinheit der Filmempfindlichkeit. Die Verdopplung des ASA-Werts entspricht der Verdopplung der Belichtungszeit.

**Aufblenden.** Durch das Aufblenden wird eine geringere Schärfentiefe erreicht und die Lichtmenge durch Vergrößerung der Blendenöffnung erhöht.

**Aufhellblitz.** Er dient zur Aufhellung von Schatten bei Dauerlicht oder bei Tageslicht.

**Autofokus.** Automatische Scharfeinstellung an moderneren Kameras.

**B** oder **bulb.** Langzeitbelichtung an Kameras (beliebig). Solange der Finger auf dem Auslöser oder Drahtauslöser gedrückt bleibt, so lange ist der Verschluss geöffnet.

**Belichtungszeiten.** Die Öffnungszeiten des Verschlusses ab 1 Sekunde: 1/1 – 1/2 – 1/4 – 1/8 – 1/15 – 1/30 – 1/60 – 1/125 – 1/250 – 1/500 – 1/1000 – 1/2000 – 1/4000 Sekunde.

**Blende.** Der annähernd runde Lamellenmechanismus reguliert den Lichteinfall durch das Objektiv. Die größte Blendenöffnung eines Objektivs steht oft eingraviert an der Linsenfassung.

**Blendenautomatik.** Mit dem Modus Tv oder S Ihrer Kamera wählen Sie eine Belichtungszeit. Die Blende passt sich nun automatisch den Lichtverhältnissen an.

**Blendenreihe 1,4 – 2 – 2,8 – 4 – 5,6 – 8 – 11 – 16 – 22 – 32.** Ein Blendensprung nach unten – von 16 auf 11 – halbiert die Belichtungszeit, ein Blendensprung nach oben – von 11 auf 16 – verdoppelt die Belichtungszeit.

**Blitzlicht.** Eine künstliche Lichtquelle, die beim Auslösen eine hohe Intensität an Helligkeit erzeugt.

**Blitzsynchronisation.** Die Abstimmung von Verschlusszeit und Blitzlicht. Schlitzverschlüsse erlauben oft nur eine Verschlusszeit von 1/60 Sekunde. Zentralverschlüsse können jedoch mit kürzeren Synchronzeiten arbeiten.

**Cadrage.** Bezeichnet den Ausschnitt des Bildes, welchen man durch den Sucher der Kamera sieht.

**Chromogene Filme.** Schwarzweißfilme, die wie Farbfilme entwickelt und abgezogen werden können. Chromogen = Farbstoff bildend. Entwicklung von Eastman Kodak (Film C-41). Filme nach gleichem Entwicklungsverfahren gibt es auch von anderen Herstellern.

**Diapositiv.** Ein Filmträger, der nach der Entwicklung positive Originalbilder erzeugt – im Gegensatz zu Negativen, die nach der Entwicklung ein „Zwischenprodukt" für einen Positivabzug darstellen.

**Diffuses Licht**. Eine Lichtstreuung, die ein weiches, kontrastarmes Licht erzeugt, also keine harten Schatten und keine Spitzlichter.

**Diffusor**. Aufsatz für Blitzgeräte als Lichtweichzeichner.

**DIN**. Format des Deutschen Instituts für Normung, frühere Lichtempfindlichkeitsangabe an Kameras.

**DNG (digitales Negativ)**. Das von Adobe entwickelte Rohdatenformat, das verschiedene RAW-Formate ersetzen soll. Vorteil der DNGs gegenüber RAWs ist die bedenkenlose Langzeitarchivierung und flexible Weiterverarbeitung. Diverse Bildbearbeitungsprogramme unterstützen bereits das DNG-Format.

**Doppelbelichtung**. Wie der Name schon sagt, werden zwei Aufnahmen auf einem Negativ gemacht. Das Resultat ist jedoch erst nach der Entwicklung sichtbar. Ebenso lassen sich sogenannte „Sandwichcollagen" herstellen. Dabei werden zwei Dias auf dem Leuchtkasten übereinandermontiert und ergeben den gleichen Effekt. Hierbei ist das Resultat jedoch gleich sichtbar.

**Drahtauslöser**. Zum erschütterungsfreien Auslösen der Kamera für Langzeitbelichtungen.

**DSLR**. Digital Single Lens Reflex. Abkürzung für Digitalspiegelreflexkamera.

**Empfindlichkeitssteigerung**. Sind die Lichtverhältnisse schlecht, so kann bewusst unterbelichtet werden. Dies muss jedoch durchgängig auf dem ganzen Film erfolgen und bei der Weiterverarbeitung muss dementsprechend länger entwickelt werden. Siehe *Pushen*.

**f**. Kurzbezeichnung für die Blende.

**Farbfilter – Gelb, Orange, Rot, Grün, Blau**. Für die Schwarzweißfotografie empfohlen. In der Farbfotografie dienen Konversionsfilter zur Korrektur der Farbrichtung. Der Einsatz in der Digitalfotografie erübrigt sich durch die Möglichkeiten der Bildbearbeitung am Computer.

**Farbtemperatur**. Die Temperatur des Lichtes wird in Kelvin (K) gemessen. Je niedriger die Kelvinzahl, desto kälter (rötlicher) ist das Licht. Tageslicht hat 5 000 bis 5 500 Kelvin.

**Festbrennweite**. Ein Objektiv, das sich nicht verändern lässt, ist ein Objektiv mit einer feststehenden Brennweite.

**Fernauslöser**. Siehe *Drahtauslöser*.

**Fischauge/Fisheye**. Ein Weitwinkelobjektiv mit extrem kurzer Brennweite (14 mm) und einem extrem großen Bildwinkel (bis 220 Grad). Fisheye-Objektive liefern ein kreisrundes Bild mit sehr starker Verzeichnung.

**Fokussieren**. Motiv anvisieren und scharf stellen.

**Formel 1 : 1**. Die Belichtungszeit sollte sich möglichst mit der Brennweite decken (z. B. 200 mm/1/200 Sek.), um Verwacklungen zu vermeiden.

**Froschperspektive**. Die Aufnahmeperspektive von unten nach oben.

**GB = Gigabyte**. Entspricht einer Computerspeicherkapazität von 1024 MB = Megabyte.

**GIF**. Ein Bilddateiformat, um grafische Fotos oder Animationen für das Internet zu speichern. Siehe auch *JPEG*.

**Gegenlicht**. Im Gegenlicht wird das Motiv von der Rückseite beleuchtet und führt nach Angaben des Belichtungsmessers zu Fehlbelichtungen. In diesem Fall müssen Sie die dunklen Stellen des Motivs mit einem Belichtungsmesser anvisieren und die „korrekte" Zeit des Belichtungsmessers ignorieren.

**Gegenlichtblende**. Eine schwarze röhrenförmige Blende aus Metall, Gummi oder flexiblem Plastik, die vor das Objektiv gesetzt wird, um Streulicht oder Reflexe zu vermeiden.

**Glanzlichter**. Die hellsten Lichtpartien eines Bildes, auch Spitzlichter genannt.

**Großformatkamera**. Auch Studiokamera oder Großbildkamera. Ab den Negativformaten 9 x 12, 13 x 18 oder 18 x 24 cm.

**Halogenlampe**. Sehr helle Lampe mit hoher Leuchtkraft und langer Lebensdauer.

**Hintergrund**. Hinter dem eigentlichen Motiv liegt der Hintergrund. Dieser ist für das Hauptmotiv oft von wesentlicher Bedeutung. Unbedingt auf „Störmotive" im Hintergrund achten.

**Horizont**. Ein schiefer Horizont mit zu viel Himmel gehört zu den häufigsten Anfängerfehlern. An den Geraden und Senkrechten des Suchers bzw. des Rasters in der Bildvorschau lässt sich der Horizont ausbalancieren.

**Indirektes Blitzen**. Bei dieser Blitztechnik wird das Licht nicht direkt aufs Motiv gerichtet, sondern an die Decke oder zur Seite. Es kann auch eine durchscheinende Folie über den Blitz geklebt werden. So werden reflektierende Glanzlichter vermieden.

**Interpolation**. Eine sichtlich ansteigende Auflösung des Bildes durch Hinzufügen von Pixeln, die ihre Werte aus der näheren Umgebung beziehen.

**Irisblende**. Ein verstellbarer Mechanismus von Metalllamellen in einem Objektiv, der zur Lichtregulierung dient.

**ISO**. Lichtempfindlichkeit des Films/Chips, auch als ASA oder früher als DIN bezeichnet. Normalempfindlichkeit 100 bis 200 ISO, Hochempfindlichkeit 400 bis 800 ISO. Digital bis 1600/3200 ISO.

**Jahreszeit**. Schnee im Winter erzeugt oft eine Überstrahlung. Um die schöne weiße Landschaft nicht „schmutzig" darzustellen, muss auf der Belichtungsskala der Wert mit +1 bis +2 korrigiert werden.

**JPEG**. Das gängige Bilddateiformat, um Daten zu komprimieren. Für Fotoabzüge wird oft ebenfalls das JPEG-Format benötigt. Ein Bild im RAW-Format muss zuerst umgewandelt werden, bevor ein Labor Abzüge herstellen kann.

**KB**. Abkürzung für Kleinbildformat. Die Größe beträgt 24 x 36 mm.

**Kelvin**. Die Wertbezeichnung für die Farbtemperatur des Lichtes.

**Körnigkeit**. Je grobkörniger ein Foto ist, desto schlechter waren die Lichtverhältnisse während der Aufnahme. Auch durch Verwendung eines hohen ASA- oder ISO-Werts entsteht eine größere Körnigkeit. In der Digitalfotografie als „Rauschen bezeichnet.

**Kompaktkamera**. Sucherkamera mit fest eingebautem Objektiv, auch Zoomobjektiv. Diese Kameras verursachen aufgrund ihrer kurzen Brennweiten fast immer eine durchgehende Schärfentiefe.

**Komprimierung**. Der Prozess, die Bits in einem Bild zu reduzieren, um weniger Speicherplatz zu benötigen. Gängiges Komprimieren ist die Umwandlung des RAW-Formats in ein JPEG-Format von 16 auf 8 Bit (= verlustreiche Kompression).

**Komplementärfarben**. Diese Farben stehen sich im Farbkreis gegenüber und ergeben in der „durchsichtigen" Mischung ein Weiß. Komplementärfarben im RGB- und CMYK-System sind Blau und Gelb, Grün und Purpur (Magenta), Rot und Blaugrün (Cyan).

**Kontrastumfang**. Kombination von Licht und Schatten ergibt nie die optimale Belichtung. Motive direkt anmessen oder die Spotmessung (•) verwenden.

**Konverter**. Ein separates Linsensystem, das zwischen Kamera und Objektiv gesetzt wird, um die Brennweite zu verlängern. Nachteil dieser Aufsätze ist, dass die Lichtstärke des Objektivs dadurch verringert wird.

**Kugelgelenkkopf**. Dieses Gelenk auf dem Kopf eines Stativs erlaubt nahtlose Schwenks in beliebige Richtungen.

**Latentes Bild**. Ein bereits gemachtes Foto, dessen Bild erst durch die Entwicklung im Labor oder durch das Laden auf die Festplatte am Bildschirm sichtbar wird.

**Leitzahl**. Die Lichtleistung eines Blitzgeräts. Je höher die Leitzahl eines Blitzes, umso stärker und weiter ist seine Ausleuchtung.

**Lichtstärke**. Bezeichnung der Blende am Objektiv, z. B. 1:5,6 am 200-mm-Objektiv. Je kleiner die Zahl, desto größer die Blende. Lichtstarke Objektive haben einen größeren Durchmesser. Digital = Verlängerungsfaktor 1,5/1,6.

**Low-Key**. Eine Aufnahme mit vorwiegend dunklen Bildbereichen.

**Luftaufnahme**. Eine extreme Vogelperspektive. Aufnahmen aus dem Flugzeug oder Fesselballon.

**Makroeinstellung**. Spezielles Kameraprogramm für Nahaufnahmen. Am Programmwahlrad der Digitalkamera mit einem Blumensymbol dargestellt.

**Makroobjektiv**. Ein Objektiv zur Abbildung im Maßstab 1 : 1 (natürliche Größe) oder bis 10 : 1 (zehnfache Größe). Ein typisches Makroobjektiv hat die Brennweite 60 mm oder 90 mm.

**Megabyte = MB**. Die Standardmaßeinheit der Computerwelt. Ein MB hat 1024 Byte.

**Megapixel**. Die Maßeinheit der Bildauflösung. Spiegelreflexkameras beginnen mit der Auflösung von 5 Mio. Megapixel. Profikameras haben 11 Mio. Megapixel und mehr.

**Mitziehen**. Das Mitziehen der Kamera bewirkt einen verwischten Hintergrund bei bewegten Motiven. Die Belichtungszeit muss „langsamer“ sein als die Bewegung des Motivs.

**mm**. Angabe der Brennweite eines Objektivs. 200 mm hat ein Teleobjektiv, 50 mm ein Normalobjektiv, 24 mm ein Weitwinkelobjektiv.

**Nachtaufnahme**. Nachtaufnahmen ohne Blitzlicht gelingen nur mit langen Belichtungszeiten und mit Stativ. Oder der ISO-Wert wird höher eingestellt.

**Naheinstellung**. Kürzeste Einstellung eines Objektivs. Kommen Sie Ihrem Motiv zu nahe, wird die Distanz unterschritten und das Foto unscharf.

**Negative**. Sie haben umgekehrte Tonwerte wie bei einem Papierabzug. Hell ist dunkel, dunkel ist hell. Negativfilme werden besser durchgezeichnet, wenn man die Belichtungsskala auf +0,5 bis 1 einstellt. ACHTUNG: Skala bei Diafilmen und an Digitalkameras bis 1 einstellen.

**Nitraphotlampe**. Mit 500 Watt liefert diese „Glühbirne” viel Licht, aber auch viel Hitze, sodass eine spezielle Lampenfassung für 500 Watt nötig ist. Preiswert und gut geeignet für Porträtaufnahmen.

**Nodalpunkt**. Der Punkt, um den man eine Kamera-Objektiv-Kombination drehen muss, damit sich beim späteren Zusammenfügen der Einzelbilder zu einem Panoramabild keine unkoordinierten Schattenbilder durch den Parallaxeneffekt ergeben.

**Normalobjektiv**. Ein Objektiv mit der Festbrennweite von 50 mm.

**Objektive**. Fisheye = 8/20 mm, Weitwinkel = 17/24 mm, Normalobjektiv = 35/50 mm, Teleobjektiv = 200/300 mm, Zoomobjektiv = 17–85 mm/70–200 mm, Digital = rote Zahlen.

**One-touch-Zoom**. Ein Zoomobjektiv, an dem Schärfe und Entfernung am selben Einstellring ausgeführt werden.

**Orthochromatischer Film**. Für den Rotbereich unempfindlicher Schwarzweißfilm.

**Panoramaaufnahme**. Eine Serie von Einzelbildern, die z. B. zu einer Aufnahme von 360 Grad montiert wird.

**Pentaprisma**. Unter dem Dach der Spiegelreflexkamera sitzt das Pentaprisma. Es ist dafür zuständig, unser Motiv seitenrichtig und nicht auf dem Kopf gestellt abzubilden.

**Perspektiven**. Sie sind das A und O der Bildgestaltung. Wer mit Perspektiven spielt, wird vom selben Standpunkt unterschiedlichste Fotos erhalten.

**Pixel**. Der kleinste Baustein, aus dem sich ein Bild zusammensetzt.

**Polarisationsfilter (Polfilter)**. Vermeidet Reflexe, erzeugt eine hohe Farbsättigung und betont weiße Wolken vor Himmelblau.

**Polaroid**. Ein Polaroid vor dem „Schuss" ist das Testfoto für Fotografen.

**Pushen**. Das Steigern der Empfindlichkeit eines Films (siehe *Empfindlichkeitssteigerung*) im Entwicklungsprozess oder die Erhöhung der ISO-Einstellung an Digitalkameras.

**Querformat**. Die meisten Bilder werden in diesem Format gemacht. Nur etwa 10 Prozent aller Fotoanfänger fotografieren im Hochformat. TIPP: Beide Formate für ein Motiv anwenden!

**Raster**. Ein Foto wird durch Raster in Punkte „zerlegt", um es druckfähig zu machen.

**Reflektor**, Faltreflektor. Zum Aufhellen und zur Lichtkontrolle beim Fotografieren geeignet.

**Ringblitz**. Wird in der Makrofotografie für die Ausleuchtung verwendet.

**Rollfilm**. Rollfilme werden in der Mittelformatfotografie verwendet und können die Formate 4,5 x 6 cm, 6 x 6 cm oder 6 x 9 cm haben.

**Rotfilter**. Rotfilter stellen bei Schwarzweißfilmen rote Objekte hell dar, die Komplementärfarbe Grün dunkel. Rotfilter erzeugen einen dramatisch dunklen Himmel mit weißen Wolken.

**Schärfentiefe**. Fotografischer Schärfebereich, je nach Zahlenwert/Blende. Geschlossene Blende (22) = scharfer Hintergrund, offene Blende (2,8) = unscharfer Hintergrund. Mit einem Weitwinkelobjektiv erreichen Sie bei gleicher Blende eine größere Schärfentiefe als mit einem Teleobjektiv.

**Schlitzverschluss**. Der Film/Chip wird durch zwei vertikal laufende Rollos vor der Bildebene belichtet.

**Selbstauslöser**. Spezielle Kameraeinstellung mit einer Vorlaufzeit von ca. 12 Sekunden.

**Skylight-Filter**. Hebt UV-Schleier auf und ist ein sinnvoller Objektivschutz, analog und digital.

**SLR**. Single Lens Reflex. Abkürzung für Spiegelreflexkamera.

**Softbox**. Aufsatz am Blitzgerät zum Weichzeichnen harter Lichtschatten.

**Sonnenblende**. Siehe *Gegenlichtblende*.

**Spiegelvorauslösung**. Kameraeinstellung für erschütterungsfreie Langzeitbelichtungen und Nachtaufnahmen.

**Spotmessung**. Auch Punktmessung oder Selektivmessung genannt. Hierbei wird nur das Zentrum des Bildes gemessen. Noch präzisere Werte sind mit einem Handbelichtungsmesser und direktem Anvisieren zu erreichen.

**Springblende**. Bei der Ausschnittwahl bleibt die Blende in jeder Position offen und schließt sich erst beim Auslösen auf den eingestellten Blendenwert.

**Stitching und Stitchting-Software**. Wird für Panoramabilder benötigt, um die Einzelaufnahmen zusammenzufügen.

**Stürzende Linien**. Senkrechte Linien kippen, wenn die Kamera nach oben oder unten geneigt wird. Abhilfe schaffen für Architekturaufnahmen speziell verwendete Shift-Objektive oder die Nachbearbeitung z. B. in Photoshop Elements.

**Tageslichtfilm**. Ein Diafarbfilm, der auf die Farbtemperatur von Tageslicht (5 000 Kelvin) bzw. Elektronenblitz abgestimmt ist.

**Teleobjektiv**. Der Brennweitenbereich eines Objektivs von 85 mm bis 400 mm.

**Tiefenschärfe**. Umgangssprachlich verbreiteter, doch unexakter Begriff für die gemessene Schärfe der Tiefe. Siehe *Schärfentiefe*.

**TTL**. Through The Lens-Messung. Das Licht wird durch einen eingebauten Belichtungsmesser durch das Objektiv gemessen.

**TLR**. Twin Lens Reflex. Zweiäugige Spiegelreflexkamera.

**Überbelichtung**. Eine Überbelichtung zeigt sich auf verschiedenen „Bildträgern" unterschiedlich. Ein überbelichtetes Negativ wird insgesamt zu dunkel, zu dicht und beeinträchtigt die Farbwiedergabe. Überbelichtete Schwarzweißfilme haben einen zu geringen Kontrastumfang, während überbelichtete Dias (Positivfilm) und Digitalbilder zu hell werden und damit auch an Schärfe verlieren.

**Unschärfe**. Entsteht durch Unterschreitung der Aufnahmedistanz.

**Unterbelichtung**. Dias und Digitalaufnahmen zeigen sich zu dunkel bzw. verfügen über zu wenig Tonwerte im Bereich der Tiefen, Negative weisen nicht genug Schwärzung und Zeichnung auf, sie sind zu hell.

**UV-Filter**. Lässt kein ultraviolettes Licht durch und hebt Dunstschleier im Gebirge und an der See auf. Siehe auch *Skylight-Filter*.

**Vario-Objektiv**. Siehe *Zoomobjektiv*.

**Verwacklung**. Entsteht durch zu lange Belichtungszeiten oder Verziehen der Kamera. Belichtungszeiten sollten in Brennweitennähe liegen. Ein 200-mm-Teleobjektiv benötigt die Belichtungszeit von mindestens 1/200 Sekunde.

**Vignettierung**. Dunkle Ecken an den Bildrändern durch abfallende Helligkeit. Ursache ist oft die Verwendung einer Sonnenblende in Verbindung mit einem starken Weitwinkel- oder Fisheye-Objektiv. Passiert auch bei Blitzlichtaufnahmen mit Sonnenblende.

**Vogelperspektive**. Die Aufnahmeperspektive von oben nach unten.

**Weichzeichner**. Ein Filter oder eine eingefettete Glasscheibe, die durch Lichtstreuung ein diffuses, weiches Licht erzeugt – den „David-Hamilton-Effekt". Dieser Softfilter ist auch ein „Schmeichelfilter" für Porträtaufnahmen.

**Weitwinkelobjektiv**. Brennweite 17/35 mm. Bei geringem Abstand erzielt man einen großen Aufnahmewinkel. Sehr gut für Innenaufnahmen. Erzeugt große Tiefenschärfe.

**Winder**. Der separate „Motor" sorgt für den automatischen Filmtransport an analogen Spiegelreflexkameras.

**Xenonlampe (Bogenlampe)**. Die erste Kurzbogen-Xenonlampe (XBO) wurde 1950 von Dr. Kurt Larche bei Osram entwickelt. Sie entwickelt ein sehr helles, stabiles Licht und wird deshalb in Diaprojektoren ebenso verwendet wie in der Film- und Automobilindustrie.

**Zeitautomatik**. Mit dem Kameramodus Av bzw. A wählen Sie eine Blende und die Belichtungszeit stellt sich automatisch ein.

**Zentralverschluss**. Siehe *Schlitzverschluss*.

**Zoomen**. Das Heranholen eines Motivs mit dem Zoomobjektiv. Je näher ein Motiv herangeholt wird, umso geringer ist die Tiefenschärfe.

**Zwischenringe**. Metallringe dienen zur Auszugsverlängerung für Nahaufnahmen und ermöglichen dadurch einen größeren Abbildungsmaßstab, ähnlich wie bei einem Makroobjektiv.

## Fotoworkshops

### Kreatives Urlaubsgefühl

Viermal jährlich organisiert die Autorin einwöchige Fotoworkshops für Frauen in Andalusien – zweimal im Mai und zweimal im Oktober.

Im Mittelpunkt der Workshops steht die kreative Bildgestaltung. Hier werden fotografische Kenntnisse an Frauen vermittelt, die ihre Fotos über den „normalen Bildrand hinaus“ gestalten lernen möchten. Der Veranstaltungsort bietet in seiner Umgebung unzählige fotografische Motive – bizarre Landschaften, verlassene Fabriken, Höhlen, Schluchten und natürlich das Meer. Weitere Informationen und Termine: www.fototrulla.de/spanien.html.

## Weitere Fotobücher von Almut Adler

**Das weibliche Auge**
*Anders sehen, anders fotografieren*
*Almut Adler*
*286 Seiten*
*29,95 Euro*
*Verlag Addison-Wesley*
*ISBN 978-3-8273-2632-4*

**Menschen sehen**
*Ein Porträt-Fotokurs*
*Almut Adler*
*186 Seiten*
*24,95 Euro*
*Verlag Addison-Wesley*
*ISBN 978-3-8273-2706-2*

## Quizauflösung

| | |
|---|---|
| 1 | B oder bulb ist die Langzeit-Belichtungseinstellung der Kamera. |
| 2 | Vignettierungen sind dunkle Ecken am Bildrand, bei Weitwinkel- und Fisheye-Objektiven. |
| 3 | M am Objektivring stellt die automatische Scharfeinstellung auf manuell um. |
| 4 | Der Nodalpunkt verhindert Parallaxenfehler beim Zusammenfügen von Panoramabildern. |
| 5 | Ein Weitwinkelobjektiv mit 17 mm hat eine sehr große Tiefenschärfe. |
| 6 | Der Wert f 1:16 besagt eine relativ geschlossene Blende. |
| 7 | 17~85 mm Brennweite entspricht einem Normalzoomobjektiv. |
| 8 | Die geringste verwacklungsfreie Zeit mit einem 24-mm-Weitwinkel ist 1/25–1/30. |
| 9 | Beide Werte entsprechen der Lichtempfindlichkeit – ISO ist heute geläufig. |
| 10 | Modus Tv oder S bedeutet Blendenautomatik – Sie wählen die Zeit vor = Time value. |
| 11 | Zeitautomatik = Av oder A, mit der Sie die Blende vorwählen = Aperture value. |
| 12 | Der lineare Polfilter und der zirkulare Polfilter mit zwei sich drehenden Filtergläsern. |
| 13 | Größter Lichteinfall je nach Objektiv mit der weitesten Blende, z. B. 2,8 oder 4. |
| 14 | Rotfilter sind in der Schwarzweißfotografie u. a. zur Kontraststeigerung des Himmels. |
| 15 | Kissenförmige Reflexe entstehen bei Gegenlicht durch Spiegelung auf dem Objektiv. |
| 16 | Eine Überbelichtung wirkt sich zu hell aus und Lichter „reißen“ aus. |
| 17 | Das 300-mm-Objektiv hat den geringsten Bildwinkel. |

## Meine Notizen

# Stichwortverzeichnis

## S



## T



## U



## V



## W



## Z